퍼스널 브랜딩
레볼루션

나를 사게 하는 매출 100배의 기적

퍼스널 브랜딩 레볼루션

초판 1쇄 인쇄 2022년 6월 30일
초판 1쇄 발행 2022년 7월 4일

지은이 김민정(엠제이킴)

발행인 백유미 조영석

발행처 (주)라온아시아
주소 서울특별시 서초구 효령로 34길 4, 프린스효령빌딩 5F

등록 2016년 7월 5일 제 2016-000141호
전화 070-7600-8230 **팩스** 070-4754-2473

값 17,000원
ISBN 979-11-92072-64-7 (03320)

Personal Branding Revolution

| 나를 사게 하는 매출 100배의 기적 |

퍼스널 브랜딩 레볼루션

김민정(엠제이킴) 지음

RAON BOOK

추천사

관심을 끌기는 쉽지만, 마음을 사로잡는 것은 어렵다. 나만 잘 먹고 잘 사는 것이 아닌 타인의 성장까지 생각하는 마음, 한마디로 '영성'! 이 본질을 조금씩 알아갈 무렵, 운이 좋게도 영성을 전하는 저자를 알게 됐다. 내가 본 저자는 인간의 본능을 뛰어넘어 인간이 인간다워질 수 있도록 철학을 갖고 많은 이에게 삶의 태도와 변화를 일으켜주는 사람이었다.

덕분에 나는 사고의 유연성과 함께 상대방의 고통, 고민, 경제 상황 등을 아울러 진심으로 경청하고 공감하고 응원하는 법을 배웠다. 그러자 관계 또는 비즈니스의 결과 역시 원활해졌다. 용기와 자신감도 생겨났고, 나 자신을 변화시킬 수 있는 계기도 되었다. 자신을 이겨내는 삶을 살고, 자신의 삶 앞에 사람들의 성공을 세웠기에 앞으로도 저자와 함께하는 사람들은 그간 풀리지 않았던 문제에 대한 갈증을 해소할 수 있으리라 확신한다. 늘 지금처럼 위풍당당하고 헌신하는 저자의 출간을 진심으로 축하하며, 언제나 응원한다.

– 에스엠마케팅 대표 설미리

퍼스널 브랜딩에서 가장 기본이자 중요한 단계는 자신을 아는 것이다. 내가 무엇을 좋아하고 잘하는지 알아야 그것을 강점으로 살려 시장에 나를 내놓을 수 있기 때문이다. 나는 지난 수년간 그에 대한 답을 찾고 있었다. 그런 나의 열망과 저자의 타인을 돕고자 하는 열정이 맞닿았던 걸까. 저자를 만난 후 생각지도 못했던 나의 가능성을 하나둘 발견할 수 있었다.

나에게는 나의 강점 찾기가 보이지 않는 세계를 들여다보는 것과 같았다. 하지만 눈에 보이지 않는다고 없는 것이 아니다. 아주 작은 존재일지라도 현미경으로 확대하면 크게 볼 수 있다. 그리고 내가 수년간 돋보기로 들여다 봐도 찾기 어려웠던 것을 저자는 자신만의 현미경을 이용해 단시간에 찾을 수 있도록 도와주었다. 그런 저자가 삶과 사람, 사업에 대한 열정과 철학을 이 책에 녹여 이제 더 많은 사람을 돕고자 한다. 이 책에 담긴 그녀의 헌신적인 사업 이야기가 독자들에게도 삶의 현미경이 되어줄 것이라고 나는 확신한다.

– 글잇 대표 박민주

몇 년 전, 큰마음 먹고 시작한 학원 사업을 크게 실패했다. 정신 차리고 다시 일어서려고 보니 이미 50대 후반이 되어 있었다. 막막하고 희망이 없었던 그때 저자를 만나면서 삶이 변하기 시작했다. 아무것도 보이지 않았던 내가 '나'라는 존재를 하나씩 찾아가면서 지금은 '갱썬나(갱년기를 신나게 사는) 보조개 미녀 보미'로 유튜브 채널을 운영하고 있다. 앞으로 더 멋지게 다시 피어날 나의 60대를 기대하며, 나의 하루하루를 의미 있게 기록하며 즐겁게 살고 있다. 저자의 책을 통해 많은 독자들이 나처럼 자신의 삶을 더욱 건강하고 가치 있게 살길 바란다.

– '갱썬나 보미' 유튜버 임미원

사람들은 이순신 장군을 '성스러운 영웅'이라 칭하곤 한다. 영웅을 넘어서는 이 칭호는 용맹함만으로는 얻을 수 없다. 이와 마찬가지로 지혜와 용기만으로는 많은 사람을 이끌 수 없고, 덕을 같이 갖추지 않으면 진정한 사업가라 칭할 수 없다고 생각한다. 그런 내가 언젠가 저자를 '덕장'이라 비유한 적이 있다. 그렇기에 여전히 나는 저자와 함께하고 있다.

그저 '똘끼 있는 놈'일 뿐이던 내가 저자를 만난 후 나만의 색깔과 경험을 가지고 '며탈궤탈TV'라는 유튜브 채널을 운영하며 누군가의 문제를 해결하는 공급자로 거듭났다. 저자는 누군가의 단점도 장점으로 승화시키는 마법의 힘을 가지고 있는 것 같다. 그런 저자의 출간 소식이 기쁜 것은 물론 오랫동안 행복한 사람이 되길 진심으로 응원하고 지지한다.

–'며탈궤탈TV' 유튜버 신원섭

코로나19의 여파로 운영하던 학원을 폐업하게 되었다. 위기가 오니 원장으로서의 리더십 부족, 학원 마케팅의 한계 등 문제점들이 드러났다. 내 삶의 기준이 모호하다 보니 여러 사람한테 배신까지 당하기도 했다. 이렇듯 앞으로 어떻게 살아야 할지 너무 막막한 상태에서 저자를 만났다. 그리고 이 만남을 통해 내가 왜 실패를 할 수밖에 없었는지 깨달았다.

이후 철저히 내 이득만 생각하던 이기적인 태도가 조금씩 남을 위해 헌신하고 베푸는 이타적인 공급자의 태도로 바뀌게 되었고, 점차 다른 사람들과 예전과 달리 원활하게 소통하게 되었다. 그 과정에서 매출도 6배 이상 올랐다. 그동안 저자를 지켜보면서 퍼스널 브랜딩이란 진정성은 물론 지속 가능한 신뢰가 담겨 있어야 한다는 걸 깨달았다. 순간적이고 단면적인 것이 아닌 서로의 관계와 마음이 연결되어야 빛을 낼 수 있다. 앞으로도 저자와 함께 성숙한 공존을 지켜가고자 하며, 내가 저자의 진정성을 배웠듯이 독자들도 이 책을 통해 진정성 가득한 사업가로 다시 태어나길 바란다.

– SM메타스쿨ON 원장 손수미

결국 생존 로드맵을 가진 사람이 살아남는다

엄마는 초등학교 교사였다. 직장맘이다 보니 항상 시간에 쫓겼고 다른 아이들을 가르치느라 바빠서 정작 당신 아이들의 공부를 봐줄 여유가 없었다. 숙제를 하다가 모르는 문제라도 엄마에게 물어보는 날에는 어김없이 "참고서 보고 해라"라는 답이 돌아왔다. 본인 스스로도 무성의한 대답이 내심 마음에 걸리셨겠지만 적어도 자신을 대신해 참고서를 보면 답을 못 찾고 헤맬 시간이 줄어들 거라고 생각하시지 않았을까.

8년이라는 시간 동안 사업을 하면서 참 많이 헤맸던 것 같다. 엄마를 대신해 헤맬 시간을 줄여줬던 '참고서 같은 무엇' 없이 무작정 열심히만 하다 보니 결국 수많은 오답을 만들어냈다. 시간, 돈, 사람을 잃어 보니 정신이 번쩍 들었다. 그리고 돈을 벌고 성공하기 위해서는 결국 '삽질하는 시간'을 줄여야 한다는 결론에 이르렀다.

아마도 이 책을 큰 기대 없이 '인생 참고서' 리스트 중 하나로 생각하고 집어들었겠지만, 나는 나같은 '삽질희생자'를 한 명이라도 줄여보자는 마음을 담아 왜 이 책을 읽어야 하는지 독자들을 기꺼이 설득해보려고 한다.

코로나 팬데믹 이후, 세상의 판이 급속도로 바뀌고 있다. 사람들은 이 엄청난 변화의 물살에 속수무책으로 휩쓸려 떠내려가고 있다. 언젠가 우연히 본 유튜브 영상에서 "전쟁만 없으면 어려운 일이 없다"라는 고(故) 정주영 회장의 말을 들었다. 그러나 이렇게 판이 바뀌는 시대에서 생존하기 위해 골머리를 앓는 우리는 어쩌면 소리만 나지 않았지 더 가혹한 전쟁을 치르고 있는지도 모른다.

얼마 전에는 이메일을 하나 받았다. 메타버스 플랫폼을 운영하는 회사인데 클라이언트의 가상 공간을 만들어주고 있다며 관심 있으면 연락을 달라는 내용이었다. 3차원 메타버스 시대의 실체가 일상에서 드러나기 시작하니 조금 긴장이 되었다. 당장 나의 생존도 걱정되기 시작했다. '나는 과연 잘 살아남을 수 있을까?', '나와 내 비즈니스는 시장의 선택을 받을 수 있을까?', '나는 사람들이 사고 싶은 사람이 될 수 있을까?' 등의 몇 가지 질문이 내 머릿속에 떠올랐다.

잠깐의 긴장감이 여유로움과 확신으로 바뀌는 데는 채 몇 초가 걸리지 않았다. 첫 번째 이유는 나는 지금이라도 내 퍼스널 브랜드를 메타버스 공간에 옮겨놓기만 하면 되는 확실한 콘텐츠가 있기 때문이었다. 두 번째 이유는 내가 어느 정도의 '찐팬'을 가진 커뮤니티 리더이기 때문이다. 마지막 이유는 상품화된 나를 시장이 사고 싶게끔 만들 수 있는 전략과 즉시 돈과 연결지을 수 있는 기술을 가지고 있기 때문이다. 한 마디로 판이 바뀌어도 살아남을 수 있는 확실한 로드맵이 이미 있다는 말이다.

나는 대한민국의 모든 국민이 반드시 퍼스널 브랜드를 가져야 한다고 확신한다. 나 자신을 멋진 상품으로 만들어내고 나를 살 수밖에 없는 기술과 전략이 있다면 세상의 판이 수십 번 바뀐다 하더라도 살아남을 수 있다고 믿는다. 톡톡 튀는 개성이 '별나다'라는 말로 표현되는 암묵적인 사회적 분위기 속에서 멋진 퍼스널 브랜드로 우뚝 선다는 것은 사회적 편견과 나의 한계를 뛰어넘어야 하는 어려운 일이다. 그렇지만 개인 역량이 매우 중요해지는 요즘 같은 시대에 '생존'이라는 키워드 앞에서 기꺼이 미움 받을 '용기'로 무장해야 된다는 것을 우리는 인정해야 한다.

나는 현재 MJKU(MJKIM UNIVERSITY)라는 커뮤니티를 운영하고 있다. 이곳의 모멘텀은 '생존'이다. 판이 바뀌는 시대에 살아남는 사람이 될 수 있도록 코칭하고 있다. 내가 가진 모든 실패와 성공의 데이터 그리고 내가 어떻게 아무것도 없이 맨손으로 시작해 결국 시장이 '사고 싶은 사람'으로 살아남을 수 있었는지 아주 세세하고 명쾌하게 그 비법을 알려주고 있다. 한 마디로 MJKU는 '생존기술 맛집'이다. 실제로 MJKU를 통해 현재 꽤 괜찮은 퍼스널 브랜드가 탄생하고 있다.

사업가의 마음속에는 이타심이 깊이 자리 잡고 있어야 한다. 나 또한 다른 사람들을 어떻게 도와야 할지 끊임없이 고민하는, 일명

'찐' 사업가가 되려고 노력하는 사람 중 한 명이다. 그동안 내가 코칭한 사람들이 자신만의 색깔을 찾아 세상이 사고 싶은 상품이 되는 과정을 지켜봤다. 그러면서 더 많은 사람과 연결되어 그들에게도 도움을 주는 것이 어쩌면 나의 사명이 아닐까 하는 생각에 이르렀다. 이것이 바로 내가 이 책을 쓰게 된 결정적인 이유다.

이 책은 당신의 생존 무기가 될 것이다. 단순히 퍼스널 브랜딩에 대한 이론적인 '참고서'가 아닌 당장 내 사업과 삶에 적용할 수 있는 '생존백서'로 쓰이길 바라는 마음으로 판이 바뀌는 디지털 세상에서 살아남을 수 있는 방법에 대해 최대한 구체적으로 담았다.

생존에 필요한 무기를 집어들 것인지 아니면 내려놓을 것인지는 이제 여러분의 선택에 달렸다. 현명한 선택을 하는 것도 실력인 세상이다. 나는 여러분의 선택이 탁월했다는 것을 이 책으로 반드시 증명해낼 것이다. 그러니 살아남는 것이 결코 만만하지 않은 세상에서 만만해 보이기 때문에 돈을 못 벌고 있다면, 평생 먹고 살 수 있는 기술과 자신만의 브랜드로 생존할 수 있도록 도울 기회를 나에게 주길 바란다. 끝으로 '엠제이킴(김민정)'이라는 브랜드를 믿고 지금까지 함께 해 준 MJKU 생존자들에게 감사하다는 마음을 전한다.

김민정(엠제이킴)

차 례

Building

2장

퍼스널 브랜딩 기본기 다지기

Connecting

3장

무한대 인맥을 만드는 '콜드콜 기술'

Closing

4장

매출 100배 올리는 '클로징 기술'

Shifting

5장

3차원 메타버스 시대, '부캐의 탄생'

Leading

6장

퍼스널 브랜딩의 목표, '커뮤니티 리더'

1장

U n d e r s t a n d i n g

퍼스널 브랜딩을 당장 시작해야 하는 이유

위기는 퍼스널 브랜딩의 기회다

깍두기가 되면 안 되는 이유

페이스북이 이미지 쇄신을 시도하고 있다. 과거의 이름을 잊고 이제는 '페이스북'이 아닌 '메타'로 불러 달란다. 가장 친했던 친구 '영숙'이가 어느 날 갑자기 '수지'로 개명을 하고 온 차원의 변화가 아니다. 시가 총액 1조 달러 클럽의 멤버들 중 하나인 세계적인 기업이 온 세상 사람들에게 이미 각인된 '페이스북'이라는 브랜드를 과감히 버린 것으로 역사에 기록될 큰 사건이다. 그뿐만이 아니다. 얼마 전 마이크로소프트는 687억 달러, 우리 돈으로 약 82조 원에 게임업체 액티비전 블리자드를 인수한다고 발표했다.

온 세계가 술렁거린다. 시장이 출렁거린다. 사실 이 정도 차원의 상황은 변화라기보다는 '혁명'에 가깝다. 3차원 메타버스(metaverse) 시대의 초입에서 모두의 관심사는 '생존'이다. '100세 시대'는 단순히 '오래 살아서 기쁜 시대'가 아니라 '100세까지 뭘 해서 먹고살지를 모두가 걱정하는 시대'가 아닐까 한다. 이제 좋은 대학을 나와 대기업에 취직하는 일이 더 이상 '성공 스토리'로 인정되지 않는다. 대기업, 조직, 기관이 우리의 생존을 보장해주지 못하기 때문이다.

결국 우리를 책임질 수 있는 것은 '우리 자신'밖에 없다. 이제 누구도 믿을 수 없다. 인간이 배신의 아이콘이라서 그런 게 아니라 이제는 '예측'이라는 단어의 의미가 무색해질 만큼 변화가 너무 빠르기 때문이다. 이런 시대에 살아남을 수 있는 유일한 방법은 나라는 사람이 '무기'가 되는 것이다. AI(인공지능)가 충분히 대체할 수 있는 사람이 아닌 AI가 절대 대체하지 못하는 존재가 되어야 한다. 사람들이 나를 필요로 하고 살 수밖에 없는 사람이 되어야 한다.

어린 시절 놀이에는 '깍두기'가 있었다. 주로 몸이 약하거나 놀이 실력이 떨어지는 아이, 또는 언니나 형을 따라 나온 어린 동생을 '깍두기'라는 이름으로 양쪽 편에서 모두 뛰게 해줬다. 한마디로 깍두기는 게임의 승패를 좌우하지 않는 존재, 있어도 그만 없어도 그만인 존재였다.

이제 그런 시절은 갔다. 세상은 아이들의 놀이터가 아니다. '세상'이라는 전쟁터에서 깍두기는 설 자리가 없으며 깍두기 같은 존재는 절대 환영받지 못하는 시대다. 어른들이 사는 세상은 지금 '오징어 게임'을 하고 있기 때문이다. 게임에서 지게 되면 과감히 처단될 판에 깍두기가 웬 말인가. 오로지 내 역량으로 살아가야 하는 시대다. 절대 깍두기가 되면 안 된다.

권력은 이동했고 이제 게임은 해볼 만해졌다

패가 별로면 애초에 포기하는 게 낫다. 질 게 뻔한 게임에 목숨을 거는 바보는 없다. 하지만 불리한 패를 가지고 있더라도 어떤 게임판이냐에 따라 전략만 잘 짜면 승산이 있을 수도 있다.

게임의 판을 읽는 능력은 시대와 트렌드를 읽는 능력과 일맥 상통한다. 요즘은 포커를 손에 쥐고 있어도 성공을 보장받지 못한다. 아직도 서연고(서울대, 연대, 고대)를 나와서 대기업에 취직하는 것이 성공의 보증 수표처럼 말하는 사람들이 있다면 아마 '라떼는 말이야'를 외치길 좋아하는 '꼰대'일 확률이 높다.

사회적인 영향력이 있는 인플루언서들 중에 좋은 대학을 나오고 좋은 환경에서 자란 금수저들만 있지 않다는 것은 유튜브를 잠시만 접속해봐도 쉽게 알 수 있다. 몇 십만, 몇 백만 명의 구독자를 가진 사람들 중에는 뽀글파마에 몸빼바지를 입은 시골 할머니도 있고, 동네 백수처럼 보이는 사람들도 있다. 사실 그들이 대단한 콘텐츠를 내놓는 것은 아니지만, 소소한 일상에서 그냥 지나칠 만한 것들에 의미를 담아 웃음과 공감의 포인트를 잘 살려내는 센스를 발휘하고 있다는 공통점이 있다.

이처럼 공부 잘하는 모범생만, 돈 많은 재벌 2세만이 '잘나가는' 시대는 끝났다. 대신 자신에게 주어진 상황과 환경 속에서 자신만의 색깔과 개성을 잘 살려내는 유연한 사고를 가진 사람들이 오히려 더 잘 먹히고 있다. 몸치에 박치라도 '눈치'만 있으면 생존할 확률이 매우 높은 시대가 왔다.

생존은 결국 파워 게임이다. 힘 있는 자는 살아남고 힘 없는 자는 죽을 수밖에 없다. 여기서 주목해야 할 사실은 바로 그 '힘'이 누구의 손에 쥐어졌냐는 것이다. 매우 다행스럽게도 권력은 이동했다. 디지털 혁명으로 말미암아 한 개인의 인플루언서가 대기업을 휘청거리게 할 수 있는 세상이 도래했다. 자, 이쯤에서 비즈니스 센스가 있는 사람이라면 '옳거니!' 하며 무릎을 칠 것이다.

그렇다. 기회가 왔다. 거대 기업만이 살아남는 시대는 끝났다. 날렵하고 재치 있는 제리가 톰을 제대로 이길 수 있는 절호의 찬스가 왔다는 말이다. 그렇다면 해볼 만하지 않은가?

게임에서 이기려면 전략이 필요하다. 국룰(국민룰)만을 따라서는 승산이 없다. 중간 어디 즈음 뒤처지지 않는 적당한 선에서는 이길 수 없기 때문이다. 우리의 목표는 '평균'이 아닌 '승리'다. 그러려면 전체 게임판을 읽을 줄 알아야 한다. '메타버스', '사물인터넷', 'VR/AR', '블록체인', '인공지능' 등 요즘 화두가 되는 키워드를 보면, 나라는 존재가 과연 이 게임의 판에 명함이라도 내밀 수 있을지 의문스럽다. 그러나 그것은 게임의 판을 한 방향에서만 바라봤기 때문에 생긴 오류다. 인간을 대체하는 AI가 대두될수록 점점 더 떠오르는 본질은 바로 '인간다움'이다. 인간만이 할 수 있는 능력을 더 키우면 된다. AI가 절대 대체할 수 없는 지극히 '인간다움'에 집중하면 되는 시대가 온 것이다. 나는 '인간'만이 할 수 있는 일, 즉 진정한 '인간다움'을 이렇게 정의한다. '따르고 싶은 사람', '사고 싶은 사람', '매력 있는 사람'이 되는 것. 각도를 조금만 바꿔서 세상을 바라보면 기회는 널리고 널렸다. 색다른 전략과 전술만 있으면 얼마든지 한 개인이 전체를 흔들 수 있는 재미있는 시대가 왔다!

생각보다 당신은 괜찮은 사람

나는 대한민국 사람들이 참 대단하다고 생각한다. 이렇게 작은 나라가 큰 강대국들 사이에 껴서 지금까지 살아남은 것을 보면 생존력과 적응력은 세계 최고라고 해도 과언이 아니다. 피는 못 속인다. 우리는 그런 조상들의 자손이기 때문에 메타버스든 어떤 '버스(verse)'든 어떤 쓰나미가 밀려와도 반드시 살아남을 수 있는 저력이 있다.

우선 살아남기 위해서는 2가지 일을 시작해야 한다.

첫 번째, 지금 현재의 본인의 위치를 정확하게 파악하는 것이다. 즉 내가 무엇을 알고 모르는지를 정확하게 파악하는 메타인지 능력을 키우는 것이다. 그러기 위해서는 많은 경험을 해봐야 한다. 스마트폰 세상에만 매달리면 답이 없다. 현장에서 감각을 키우면서 몰랐던 사실을 아는 사실로, 경험해보지 못한 것을 경험해본 것으로 빨리 전환해야 한다.

두 번째, 시장에 빨리 나를 내놓아야 한다. 그렇게 해야 당신이라는 상품의 가치를 빠른 시간에 파악할 수 있기 때문이다. 시장의 반응은 예상할 수가 없다. 또한 어떤 리스크가 닥칠지 아무도 예상할 수 없다. 오늘의 최선이 내일의 최악이 될 수 있는 상황에서 완벽한 것을 만들려고 하면 할수록 완벽해지지 못하는 모순에 빠지게 될지도 모른다. 다행인 점은 사람들은 완벽함에 반응하지 않는다는 것이다. 대기업의 완벽한 TV광고보다 유튜브에 올라온 B컷에 더욱 열광한다. 이 현상은 발전이라는 미명하에 기계, 디지털, AI라는 테크(tech)가 지배한 차가운 세상에서 사람들이 실수도 하고 실패도 하는 지극히 인간적인 모습에 반응하고 공감한다는 사실을 증명하는 것이다.

비즈니스를 8년간 진행하면서 깨달은 사실이 있다. 사람들은 생각보다 자신의 능력을 못 믿는다는 것이다. 내가 봤을 때는 충분히 잘해낼 수 있는 사람들인데도 말이다. 코로나19라는 예상치 못한 상황에서도 결국 적응하고 또 다른 비즈니스 모델을 만들어내고 협업하면서 공존하려 했던 우리의 눈물겨운 노력을 돌아보라. 우리는 생각보다 참 괜찮은 사람들이 아닌가? 나는 당신이 '나는 못해요'라고 하는 거짓말에 속지 않을 자신이 있다. 당신이 충분히 해낼 수 있는 사람임을 알고 있기 때문이다.

시장이 당신을 사지 않는 이유

첫 번째 이유, 고객을 모른다

도넛 열풍이 불고 있다. 그중에서 '노티드 도넛'이 가장 핫해 보인다. 인스타그램에는 노티드 도넛 구매 인증샷이 넘쳐난다. 도넛 사진만 있는 것이 아니다. 노란 스마일 캐릭터를 비롯해 아기자기한 매장 인테리어가 돋보이는 사진들도 눈에 띈다. 사람들은 마치 디즈니랜드라도 방문한 것처럼 자신만의 '도넛 여행'의 기쁨을 즐긴다. 이런 기쁨도 잠시 이제 도넛을 사기 위해 줄을 설 준비를 해야 할 시간이 왔다. 더운 여름 땡볕에서 양산을 쓰고 기다릴 각오와 추운 겨울에는 핫팩에 의지해 칼바람을 참아내야 하는 인내심은 필수 조건이다. 이렇게 사서 고생을 해서라도 도넛 하나 먹어보겠다는 의지가 눈물겹다.

오랜 시간 줄서기를 마다하지 않고 결국 도넛을 겟(get)한 사람들은 승자의 기쁨을 만끽한다. 누군가는 그깟 도넛 하나 사먹자고 에너지를 쓸데없이 낭비한다고 혀를 찰 수도 있겠다. 그러나 그런 태도는 지금의 트렌드와 소비자의 행동 패턴을 이해하지 못한 결과다.

요즘 소비자들은 배만 채우기 위해 음식을 먹지 않는다. 그들은 분위기를 먹고 재미를 먹고 스토리를 먹는다. 다시 말해 소비자의 취향을 제대로 저격한 브랜드의 마력에 기꺼이 빠져주는 놀이를 즐기는 동시에 그 경험을 다른 사람들과 함께 공유하는 데 의미를 둔다는 것이다. 요즘 소비자들에게는 줄을 오래 서는 것 자체가 하나의 추억이 되고 스토리가 되는 가치 있는 행위로 탈바꿈된다.

이 말은 곧 이제 시장을 읽지 못하면 내 비즈니스가 경쟁력을 갖기 점점 더 어려워진다는 뜻이다. 쉽게 말해서 내 고객이 어떤 사람들이고 그들이 무엇을 원하고 어디에 관심이 있는지 알지 못한다면 절대 고객의 마음을 훔치지 못한다는 것이다. 따라서 소비자의 취향 저격에 100% 성공하는 스나이퍼(sniper: 저격수)가 되려면, 결국 우리는 소비자가 진짜 원하는 것이 무엇인지 센스 있게 파악하는 능력이 절실히 필요하다.

나는 마켓컬리 애용자다. 새벽 배송에 매료되었다기보다는 고객을 대하는 태도에 내 마음을 줘버렸다. 그들의 제품을 사용하다 보면 마치 내 라이프 스타일을 친언니처럼 옆에서 보고 있다는 느낌을 준다. 소비자인 나를 얼마나 철저히 알려고 노력했는지가 느껴진다고나 할까. 김난도 교수는 《마켓컬리 인사이트》(다산북스, 2020)에서 "마켓컬리의 핵심 화두는 출발부터 고객이었다. '어떻게 고객 가치를 창출할 것인가?'라는 문제는 업의 정의부터 시작해 위기관리에 이르기까지 마켓컬리의 모든 경영을 관통하는 주제다"라고 언급하고 있다. 고객을 사용자로만 보지 않고 마켓컬리의 문화를 함께 만들어가는 존재로 대한다는 점에서 마켓컬리의 고객에 대한 집착은 마땅히 본받아 할 지점이다. 자, 이제 나의 세계관을 잠시 내려놓고 고객의 세상 속으로 망설임 없이 과감히 뛰어들어갈 때다.

두 번째 이유, 뻔하다

유튜브 채널을 운영한 지 햇수로 4년 차다. 동영상도 이제 650개가 넘는다. 처음 유튜브를 시작했을 때는 썸네일(한눈에 보일 수 있도록 만든 영상 제목)에 대한 개념이 없다 보니 모범생 같은 제목을 주로 썼다. 예를 들어 '이렇게 하면 성공합니다' 혹은 '올바른 습관 만들기' 같은 제목을 달았다. 내 영상 콘텐츠를 통해 힌트를 얻어가길 희망하면서 나름 알찬 내용으로 성실하게 만들었는데도 사람들은 관심을 보이지 않았다. 마치 우리 집에서 열릴 파티를 위해 하루 종일 음식을 만들고 준비했는데 아무도 오지 않는 느낌이랄까. 솔직히 사람들이 내 마음을 알아주지 않는 것 같아 서운한 마음마저 들었다.

모든 일에는 이유가 있다. 조회수가 올라가지 않는 이유가 뭘지 고민하며 정보를 찾아보니 내 파티 초대장의 글귀가 문제였다. 영상 썸네일이 구독자의 흥미와 궁금증을 유발해서 클릭하고 싶은 욕구를 불러일으켜야 조회수가 올라간다는 사실을 깨닫게 된 것이다. 그때부터 내 모험이 시작되었다. '성공하세요' 대신 '포기하세요'를 쓰고, '이 영상을 꼭 봐야 해요' 대신 '이 영상은 절대 클릭하지 마세요'로 썸네일을 과감히 바꿨다. 결과는 대박이었다. 기껏해야 20~30회이던 조회수가 하루아침에 200~300회로 수직 상승을 한 것이다. 그 전에는 내 영상을 소비하는 구독자의 심리를 읽지 못했던 것이다.

사람들은 뻔한 것에 관심이 없다. 당신의 멘트가 노래방만 오면 부르는 18번 곡이 되면 절대 안 된다. 당신의 솔루션이 뻔한 레퍼토리가 되면 더더욱 안 된다. 고객들은 뻔한 이야기를 하는 공급자들의 애정 공세에 이미 질려버렸기 때문이다. 공급이 포화상태다 보니 생긴 현상이다. 고객의 문제를 해결해주겠다고 발벗고 나서는 공급자들의 수가 넘쳐나기 때문에 소비자의 눈은 높아질 수밖에 없다. 요즘 소비자들은 웬만한 자극에는 꿈쩍도 하지 않는다.

소비자의 예상을 뒤집어야 한다. FM대로 행동하는 모범생은 매력이 없다. 뻔한 질문과 예상되는 행동 패턴으로 네비게이션의 안내 경로로만 가는 것보다 때로는 과감하게 옆길로 새는 일탈행위도 일삼는 모험도 해봐야 한다. 그렇게 해야 고객이 반응할 것이니까. 아직도 '나쁜 남자, 나쁜 여자 컴플렉스에서 벗어나지 못한 사람들이 많다는 것은 팩트니까. 뻔하지 않은 것에 반응하는 것이 어쩌면 인간의 본능인지도 모른다. 수많은 공급자들 중에 소비자의 선택을 받고 싶다면 뻔한 사람이 되면 안 된다.

따라서 작전을 잘 짜야 한다. 그들의 예상을 뛰어넘는 위트와 센스로 무장해야 한다. 과감히 그들의 마음을 훔칠 준비를 해야 한다. 그들이 보고 싶어 하고 만나고 싶어 하는 매력적인 사람이 되어야 조금은 유리한 입장에서 게임을 시작할 수 있다.

세 번째 이유, 안 통한다

소통전문가 김창옥 교수의 강의는 사람들의 혼을 빼놓는다. 강의장 분위기를 들었다 놨다 하며 방청객을 울리고 웃기는 데 도가 튼 사람같다. 사람의 마음을 뚫고 들어오는 기술로 상대방을 무장 해제시킨다. 대단한 소통 기술이다. 김창옥 교수는 강의에서 자신의 어머니와의 평소 대화 내용, 자신이 공황장애를 겪은 이야기 등을 솔직하게 이야기하면서 눈물을 흘리는 인간적인 모습을 여과 없이 보여준다. 그런 상황을 지켜보던 방청객들은 함께 공감하며 마음의 문을 열고 그 상황에 몰입하게 된다. 그리고 발언권이 주어진 사람들은 꽁꽁 숨기고 있던 자신의 마음속 상처를 자발적으로 용기 있게 드러낸다. 이러한 상황이 발생한 이유는 바로 짧은 순간에 '라포(rapport)'가 형성되었기 때문이다. 라포는 의사소통에서 상대방과 형성되는 신뢰 관계를 말한다. 결국 방청객들은 김창옥 교수를 신뢰한 것이다. 내 감정을 드러내도 괜찮겠다는 안정감을 느낀 것이다.

나 또한 비즈니스 현장에서 수많은 고객들을 만나면서 소통 기술을 많이 업그레이드시킬 수 있었다. 굳게 닫힌 고객의 마음의 문을 여는 비밀은 바로 신뢰를 바탕으로 한 소통의 기술이라는 것을 잘 알고 있다.

대부분의 사람들은 욕심이 좀 많은 것 같다. 신뢰가 형성되지 않은 상황에서 자신의 상품과 비즈니스를 토해내듯 한 번만 설명해도 상대방이 곧바로 관심을 가져주기를 바라기 때문이다. 게다가 한술 더 떠서 자신들의 좋은 제품과 서비스를 왜 선택하지 않는지 이해할 수 없다며 답답해까지 한다. 정작 답답한 행동을 하는 사람은 자기 자신인 줄도 모르고 말이다. 안타깝지만 소비자와 통하지 못하면 절대 그들과 연결되지 않는다는 사실을 알고 있어야 한다.

삶의 현장에서도 마찬가지다. 요즘 신조어 중에 '꼰대'나 '답정너(답은 정해져 있어. 너는 대답만 하면 돼)'와 같은 표현이 많이 쓰이는데, 이 표현들은 소통이 안 되는 사람들을 비하하는 말이다. 결국 소통을 할 줄 모르는 사람들은 언제 어디서든 환영받지 못한다.

비즈니스의 생명은 바로 소통에 있다. 일방적인 태도로 대화하게 되면 절대 상대방은 마음을 열지 않는다. 겉도는 대화가 오갈 것이며 이는 생산성을 떨어뜨리는 결과를 만든다. 말이 통하는 사람은 결국 내 마음을 잘 알아주는 사람이라는 뜻이다. 결국 상대방의 마음을 얻기 위해서는 내 생각을 잠시 내려놓고 그들이 진심으로 원하는 것이 무엇인지, 지금 겪고 있는 가장 큰 문제가 무엇인지 진정성으로 무장해서 조용히 그러나 강력하게 그들의 마음속으로 침투해야 한다. 그런 다음 그들의 마음의 문을 활짝 열게 하는 공감이라는 무기로 공격해야 한다. 그들이 웃었다면 50%는 승산이 있다. 만약 당신이 그들을 울렸다면 100% 통한다. 당신이 소통이라는 전투에서 승리한 것을 축하한다. 이제 우리는 통하는 순간의 희열을 느끼면 된다. 이런 순간들이 하나둘 쌓이게 되면 당신은 소통 기술의 달인이 되어 있을 것이다. 그때 즈음에는 이미 당신 주변에 당신과 함께하고 싶은 사람들이 차고 넘칠 것이다.

핑크펭귄은 널리고 널렸다

8년간 비즈니스를 하면서 가장 크게 배우고 깨달은 점은 결국 사업의 시작도 고객이고 끝도 고객이라는 사실이다. 항상 고객이 답을 가지고 있다. 현장 경험이 많은 사람일수록 아마 크게 공감할 것이다. 경영학의 아버지 피터 드러커는 《매니지먼트》(남상진 옮김, 청림출판, 2007)에서 "기업의 목적과 사명을 정의할 때 출발점은 단 하나밖에 없다. 바로 고객이다"라고 말한다. 결국 고객이 존재하지 않으면 사업도 의미가 없다는 이야기다. 따라서 사업가는 항상 고객을 찾아 헤맨다. 어떻게 하면 고객과 연결될 수 있을지 머리를 싸매고 고민을 할 수밖에 없다.

사업을 진행하면서 만난 대부분의 자영업자, 사업가들의 고민은 항상 '홍보'였다. 개성 넘치는 인테리어에 멋진 상품과 프로그램을 만들어놓고 얌전히 간절히 고객을 기다린다. 그나마 '인블유(인스타그램, 블로그, 유튜브)'를 통한 SNS 마케팅을 하는 곳은 다행이지만, 안타깝게도 여전히 4천 장의 전단지에 목숨을 걸고 고객을 기다리는 노답 케이스도 많다.

하루 종일 기다려도 고객은 오지 않는다. 사실 고객이 오지 않는 게 아니라 당신을 찾지 못하는 것이다. 고객의 문제를 해결해 주겠다고 발 벗고 나서는 공급자가 넘쳐나는 시대에 고객이 당신을 찾아내기란 확률적으로 어렵다고 봐야 한다. 당신이 특별하지 않은 이상 힘들다. 세계적인 브랜드 전문가 빌 비숍은 《핑크펭귄》(안진환 옮김, 스노우폭스북스, 2017)에서 이런 상황을 '펭귄 프라블럼'이라고 표현하고 있다. 수천 마리의 펭귄들 속에서 어느 펭귄이 어느 펭귄인지 구분하기가 정말 어렵다는 것이다. 따라서 공급자는 소비자의 눈에 쉽게 띄는 '핑크펭귄'이 되어 고객이 나를 쉽게 찾아낼 수 있도록 해야 한다고 강조한다. 여기서 문제는 요즘은 핑크펭귄도 꽤 많다는 사실이다. 모두가 핑크색 옷을 입고 자신은 뭔가 다르다며 고객을 향해 있는 힘껏 손을 흔든다. 고객은 선택하기가 더욱더 힘들어진다. '젠장, 대체 누굴 선택하라는 거야!'

당신의 생존 무기, 무한대 인맥

고객이 당신을 찾지 못한다면 당신이 고객을 적극적으로 찾아나서면 된다. 고객은 많다. 아니 너무 많다. 다만 우리가 찾으려고 애쓰지 않을 뿐이다. 나는 '고객을 끊임없이 찾아야 한다'라는 당위성을 이론적으로 풀어내려는 게 아니다. 이 책이 철저히 도구로 쓰이길 원한다. 아니 무기가 되길 원한다. 고객을 애타게 기다리고만 있는 당신이 무한대의 고객을 스스로 발굴하고 발굴한 고객을 통해 매출로 연결하길 원한다.

2015년부터 시작된 고객 찾기 게임에서 나는 한 번도 소극적인 자세로 고객을 기다리지 않았다. 내가 선택한 방법은 바로 콜드 콘택트(cold contact)와 콜드콜(cold call)이다. 콜드 콘택트는 직접 현장으로 나가서 모르는 사람에게 나의 비즈니스 모델이나 서비스를 제안하여 내 고객으로 만드는 일을 말하고, 콜드콜은 전화로 모르는 사람에게 사업을 제안하거나 미팅을 제안하여 내 고객을 만들어가는 방법을 말한다. 나는 이 2가지 방법으로 용감하고 대범하게 모르는 사람을 아는 사람으로 바꾸면서 충성고객과 팬을 만들어왔다. 얼굴에 철판 10개 정도는 깔고 나가서 매몰찬 거절을 거침없이 받아냈다.

내가 이렇게 할 수 있는 이유는 모르는 사람들이 아는 사람들보다 훨씬 나를 크게 성장시킨다고 믿기 때문이다. 거절 받는 횟수가 늘어날수록 나의 사업 근육이 더 탄탄해진다는 것을 알고 있기 때문이다. 게다가 나를 모르는 그들은 냉정하고 객관적으로 나를 평가해준다. 내 실수를 만만하게 그냥 넘어가주지 않는다. 그래서 더 긴장해야 하고 철저히 준비해야 한다. 그런 시간들이 쌓이게 되면 어느새 아마추어 티를 좀 벗은 자신을 발견하게 된다. 당신의 멘트가 달라지고 태도가 달라진다. 결국 고객이 더 나은 당신을 만든다. 불편한 눈길, 매몰찬 거절, 숨막힐 정도로 어색한 냉기류가 결국 비즈니스를 성장시키고야 만다는 사실을 깨닫게 될 것이다.

무한대 인맥을 갖는다는 것은 절대 망하지 않는 기술을 갖는 것이다. 많은 기업들이 고객을 발굴하는 데만 엄청난 돈을 투자한다. 다시 말하지만 사업의 시작도 끝도 결국 고객이기 때문이다. 만약 당신이 무한대 인맥을 가질 수 있는 콜드콜 기술을 마스터하게 된다면 당신을 사고 싶어 하는 사람이 줄을 설 수밖에 없다. 슬금슬금 톱질만 하면 온갖 보화가 쏟아지는 기술을 가지고 있으니 당연한 이치가 아닐까?

결국 진짜가 살아남는다

얼마 전 미용실에서 만난 20대 직원에게 '메타버스'라는 말을 들어봤냐고 물어보니 들어는 봤는데 정확하게 무엇인지는 모르겠다며 멋쩍게 웃었다. 나이가 적든 많든 새로운 개념의 단어들이 등장하는 속도에 사람들이 잘 따라가지 못하는 눈치다. 혹시 나만 시대에 뒤쳐지지는 않을까 걱정하는 사람이 있다면 나는 꼭 이 말을 해주고 싶다.

세상이 아무리 빨리 변한다 해도 본질은 변하지 않는다는 것이다. 예나 지금이나 정말 중요한 것은 내가 진짜면 된다는 것이다. 사람들은 항상 진짜를 찾아다니기 때문이다. 특히 비즈니스에서는 진짜가 되는 일이 더욱 중요해진다. 당신이 그토록 연결하고자 하는 고객은 진짜를 찾아 헤매고 있다는 사실을 알아야 한다. 그들은 핑크색 비슷한 옷을 입은 펭귄 말고 '찐' 핑크색 옷을 입은 제대로 된 펭귄을 찾아 지금도 방황하고 있다.

따라서 당신이 진짜가 되어야 한다. 어설픈 핑크색 옷을 입고 고객 앞에 설 생각을 하지 말아야 한다. 지금까지 당신의 고객은 가짜 핑크펭귄의 속임수에 많이 지쳐 있다. 그러니까 당신이 '찐'이 되어야 한다. 당신의 경험이 찐이 되어야 한다. 아무리 그럴싸한 마케팅 전략으로 당신을 포장해도 현장 경험이 부족하고 실력이 부족하면 뻥카가 될 수밖에 없다. 절대 고객을 만만하게 봐서는 안 된다. 그들은 매우 지혜롭고 영리하다. 뻥카와 포카(Four of A Kind)를 확실하게 구별해내고 그 사실을 같은 소비자끼리 공유한다. 그래서 사기꾼으로 낙인 찍히면 명함도 못 내밀게 된다.

처음부터 실력자인 사람은 없다. 실력자는 만들어진다. 현장으로 달려가라. 온라인이 의미가 있는 것은 오프라인이 있기 때문이다. 결국 실력자는 오프라인에서 파워가 있어야 한다. 나의 내공을 차곡차곡 쌓아나가야 한다. 바쁠수록 돌아가야 한다.

내공이 충분히 쌓이면 우리가 고객을 찾아나서야 한다. '찐' 핑크색 옷을 입었다면 이제 용기 있게 고객을 찾아나서는 것이다. 끊임없이 고객을 찾고 또 찾아야 한다. 그 속에서 프리미엄 고객도 찾아내야 하고 고객 중에 숨어 있는 잠재 비즈니스 파트너도 찾아내야 한다.

그들을 어디서 다 찾아내냐고? 걱정할 필요가 없다. 당신이 콜드콜 기술을 마스터한다면 무한대의 고객들을 찾아낼 수 있다. 콜드콜 기술로 무한대 인맥을 만들어내고 한 명 한 명을 내 고객으로, 내 팬으로 만들어나가야 한다. 고객이라는 이름의 '마르지 않는 샘물'을 만드는 일을 당장 시작해야 한다. 모든 해답을 가지고 있는 고객을 찾아나서야 할 때다.

뭐부터 하면 되냐고? 용기와 배짱, 그것이면 충분하다.

세 살배기를 절대 이길 수 없는 이유

'클로징이 뭐야? 그거 가게 문 닫았다는 말 아니야?'

아마 이렇게 생각하고 있는 사람들이 대부분일 것이다. 사실 클로징은 우리의 삶에 이미 깊숙이 들어와 있는 개념이다. 클로징은 내가 원하는 방향대로 상대방의 결단을 받아내는 것이다. 클로징을 가장 잘 하는 사람은 누구일까? 대단한 사업가? 100만 유튜버? 둘 다 아니다. 정답은 바로 어린아이들이다. 이들은 클로징 기술자다.

이 기술은 자아가 형성되기 시작하는 세 살배기가 가장 잘 구사한다. 자신이 원하는 것을 갖기 위해서 수단과 방법을 가리지 않는다. 마트에서 자신이 갖고 싶은 장난감을 갖기 위해 바닥에 드러눕는 기술, 꼭 먹고 싶은 사탕을 받기 위해 밥을 절대 입에 넣지 않는 기술, 놀이터로 나갈 때까지 목청이 터져라 우는 기술 등 그 테크닉도 다양하다. 어른들은 이런 행위를 '떼쓰기'라고 폄하할 수도 있겠지만 결국 상대가 누구든 100% 이기는 클로징을 할 수 있는 그들의 능력을 절대 우습게 보면 안 된다. 그들은 킹정(완전 인정)할 수밖에 없는 진정한 클로저(closer)이기 때문이다.

잽이 아니라 훅!

비즈니스 현장에서 클로징은 공급자의 서비스에 대한 금액 지불이 완료된 상황을 말한다. 따라서 클로징 기술은 당신의 매출과 직결된다. 만약 당신이 "설명 참 잘 들었습니다. 생각을 좀 해볼게요"라는 말을 들었다면 그 거래는 성사되지 않을 확률이 99.99%다. 클로징을 못했기 때문이다. 거래 과정이 아무리 아름다웠더라도 클로징이 되지 않았다면 결국 그 거래는 노쇼(no-show: 이미 약속된 미팅에 취소 없이 나타나지 않는 일)의 상황과 별 다를 게 없다. 실컷 시간을 내어 미팅을 했지만 얻은 결과가 없으니 당연한 이치가 아니겠는가?

클로징은 잽이 아니라 훅이다. 대화를 하거나 소통을 할 때 상대방의 의도를 파악하기 위해 많은 잽을 날리겠지만, 결국 훅이라는 큰 것 한 방이 없으면 클로징이 되지 않는다. 비즈니스 세계의 목적은 하나다. 바로 거래 성사다. 비즈니스 현장은 세미나장이 아니다. 제품과 서비스를 브리핑하는 데만 엄청난 에너지를 쏟으며 엑기스 없는 이야기가 난무하는 현장은 '앙꼬 없는' 찐빵이나 마찬가지다. 핵심이 빠진 것이다. 프로라면 반드시 클로징으로 깔끔하게 마무리해야 한다.

의외로 잽만 날리고 훅을 못 날리는 사람들이 많다. 클로징 기술이 부족해서일 수도 있겠지만, 클로징을 제대로 이해하지 못한 결과일 확률이 훨씬 높다. 모든 사람이 처음부터 완벽할 수는 없다. 나 또한 그랬다. 그러나 클로징에 대한 개념을 올바르게 재정의할 수 있게 되면서 나는 망설임 없이 고객을 위해 클로징을 해줬다.

내가 만난 고객들은 모두 클로징을 원했다. 고객은 자신의 선택과 결정이 최고이길 바라는 마음이 간절하고 누군가가 올바른 결정을 해주는 데 확신을 주길 원한다. 8년간 만나온 대부분의 고객들이 거래 자체만을 보는 게 아니라 그 거래를 야무지게 클로징하는 공급자의 실력과 유연성을 엿본다는 것도 깨닫게 되었다. "우물쭈물하다가 내 이럴 줄 알았지"라는 영국의 소설가 조지 버나스 쇼의 묘비명 말처럼 되지 않게 훅을 날릴 줄 아는 용기를 내야 한다.

과연 오빠가 책임질까?

클로징은 책임이다. 소비자에게 원하는 것만 받아내기 위해 클로징 순간에만 전력질주를 하고 클로징 이후의 상황에서 태도가 돌변하는 사람들은 결코 오래가지 못한다. 단순히 뜨거운 하룻밤을 보내기 위해 상대방의 환심을 사려고 무슨 짓이든 하는 남자는 나쁜 남자일 확률이 높다(물론 여자의 경우도 마찬가지다). 고객에게 가장 큰 감점 요인이 바로 무책임이다. 10번 잘해줬다 하더라도 1번의 책임 없는 행동은 그동안 쌓아온 고객과의 신뢰를 하룻밤 사이에 무너뜨린다.

비즈니스 세계에서 평판은 중요하다. 사람은 언제 어떻게 만날지 모른다. 책임감 없는 태도로 고객의 지갑을 여는 데만 집중하는 사람은 절대 고객의 기억 속에 좋은 이미지로 남지 않는다. 마음이 급해지면 눈앞의 이익만 좇게 되고 '신뢰'라는 가장 중요한 가치를 스스로 포기해버리는 결과를 낳게 된다. 비즈니스에서 신뢰는 곧 생명이다. 신뢰가 없는 거래는 존재할 수도 없지만 한번 맺은 거래라고 하더라도 신뢰가 깨어지면 회복하기 어렵다.

고객은 책임감이 강한 사람에게 자신을 맡긴다. 클로징을 잘하는 사람들이 내뱉는 말에는 진정성과 확신이 넘쳐난다. 고객은 직감적으로 진짜를 알아본다. 평생 소비자로 살아온 그들은 동물적 감각으로 자신의 문제를 해결해줄 듬직한 공급자를 한눈에 알아본다. 현란한 말솜씨만으로 고객의 지갑이 열릴 거라고 생각하지 말자. 도덕과 윤리가 바탕이 된 올바른 클로징을 구사할 수 있을 때까지 기술을 연마하는 데 소홀히 해서는 안 될 것이다.

매출 100배 올려봅시다

많은 사람들이 자신을 클로징해달라고 기다리는 고객이 넘쳐나는데도 클로징 순간만 오면 모두 얼음이 되는 것 같다. 이는 돈을 대하는 태도가 형성된 배경에 유교사상이 자리 잡고 있기 때문이라고 생각한다. "황금 보기를 돌같이 하라", "돈을 밝히는 것은 좋지 못하다"라는 이야기를 듣고 자란 입장에서 고객의 지갑을 열게 하는 행위 자체가 '긍정'보다는 '부정'적으로 생각되기 때문에 결정적인 순간에 머뭇거리는 게 아닐까?

제대로 된 클로징은 내가 제안하고자 하는 서비스나 상품이 고객의 문제를 반드시 해결해줄 것이라는 100% 확신을 바탕으로 나를 위해서가 아니라 고객을 위해서 진정성을 갖고 행하는 예술이다. 이런 클로징의 바탕에는 항상 '사랑'이라는 키워드가 자리하고 있다. 결국 클로징은 고객에게 기쁨과 행복을 선물하는 이타적인 행동이다. 자기계발과 동기부여 전문가인 지그 지글러는 자신의 50년 세월을 담은 책 《세일즈 클로징》(장인선 옮김, 산수야, 2018)에서 이렇게 말한다. "당신이 제공하는 것이 고객에서 최선의 이익을 가져다준다는 확고하고 진심 어린 믿음을 가져야 한다." 책임과 확신이 넘치는 클로징은 오히려 고객에게 '부담'이 아닌 '신뢰'임을 잊지 말자.

클로징 기술 향상은 매출 향상으로 자연스럽게 연결된다. 이 기술만 제대로 익히면 큰 프로젝트나 제안도 쉽게 클로징할 수 있다. 당신의 비즈니스에서 비용을 줄여줄 뿐만 아니라 매출을 100배 이상 올릴 수도 있게 해주는 것이다. 당신이 클로징 기술을 배우겠다고 마음만 먹는다면.

사고 싶게 만드는 사람이 결국 리더다

끝을 아는 자가 승리한다

무슨 일이든 끝을 알고 시작하는 것이 필요하다. 100미터 달리기의 결승선을 잘못 알고 죽을 힘을 다해 달리는 것만큼 안타까운 일이 있을까? 퍼스널 브랜딩을 통해 결국 우리가 해내야 하는 일은 무엇이고 더 나아가 그것이 우리 사회에 어떤 영향을 미칠지 반드시 알고 시작해야 한다. 퍼스널 브랜딩의 '퍼스널(personal)'이라는 단어가 의미하는 것처럼 지극히 개인의 역량에 집중해야 하는 것은 맞다. 그러나 그 끝이 오로지 개인의 목표와 이익에만 맞춰진다면 결코 제품을 사고 싶게 만드는 사람이 될 수 없다.

퍼스널 브랜딩의 궁극적인 목표는 리더가 되는 것이다. 진정한 리더십을 가진 리더가 사람들로 하여금 진짜 사고 싶게 만드는 사람이다. 요즘 시대에 주목을 받는 사람들은 바로 사회적으로 가치 있는 콘텐츠를 소유한 인플루언서들이다. 그들은 SNS 플랫폼을 통해 소비자와 긴밀하게 소통하면서 그들을 리드하고 있다. 그들은 탄탄한 팬덤을 소유하고 있다. 자신의 콘텐츠를 소비하는 사람들에게 막대한 영향력을 끼치면서 자신의 구역을 넓히고 있다.

퍼스널 브랜딩이 성공적일수록 내 주변에는 나를 믿고 따르는 사람들이 늘어나게 되어 있다. 그들은 나를 신뢰하며 종국에는 나의 팬이 될 수도 있다. 그들은 내가 쓰는 제품에도 관심을 가질 것이고 내가 먹는 음식에도 관심을 가질 수 있다. 결국 당신이라는 브랜드에 대한 믿음은 곧 '자발적 따름'으로 연결된다. 소비자가 팬이 되는 순간 당신은 성공에 한층 더 가까워질 수 있다.

리더십의 재정의가 필요하다

가끔 거래처 사장님들께 '리더십이 있어야 한다'고 이야기할 때마다 대부분은 손사래를 치며 이렇게 말한다. "아휴, 무슨 리더십이에요? 나랑 상관없는 단어예요." 이런 반응이 나오는 것은 아마도 리더십에 대한 이해가 부족한 탓일 수도 있고, 아니면 엄청 큰 규모의 집단을 대단한 각오로 이끌려는 사람들만 리더십을 갖고 있어야 한다고 생각하기 때문일 수도 있다. 리더십을 대통령 정도는 되어야 갖다 붙일 수 있는 단어라고 생각한다면 지식을 업데이트할 타이밍이 온 것은 분명하다.

실제 이 시대의 리더는 소통의 달인이거나 연결의 달인인 확률이 높다. 사람들은 취미나 관심사가 비슷한 사람들과 연결되길 원한다. 그리고 가능하면 믿을 만한 커뮤니티에 소속되길 원한다. 그 속에서 정보를 얻고 활기도 얻고 더 나아가 한 인간으로서의 가치를 얻길 원한다. 나이와 성별을 불문하고 사람들은 그런 커뮤니티의 멤버가 되길 원한다. 따라서 자발적으로 발 벗고 나서서 그런 커뮤니티를 만들고 기꺼이 헌신하며 능숙하게 사람들과 소통하면서 더 멋진 사람들과 연결해줄 수 있는 커뮤니티의 리더가 반드시 필요하다. 그것이 바로 요즘 시대가 필요로 하는 리더상이다.

대표적인 예로 MKYU 김미경 대표는 《세븐 테크》(웅진지식하우스, 2022)라는 책에서 IT 전문가들의 지식을 연결하여 유튜브와 같은 플랫폼에서 그녀만의 멋진 소통 기술로 많은 사람들에게 정보를 발 빠르게 전달하여 서로 공유하는 모습을 보여주고 있다. 김창옥 교수, 신사임당, 신박사 등 이미 이름이 알려진 인플루언서들이 공통적으로 하고 있는 일들을 관심 있게 관찰해보라. 그들이 지금 무슨 일을 벌이고 있는지 말이다. 그들은 이미 바뀐 판의 게임의 룰을 간파하고 있으며 이미 우리를 리드하고 있다.

리더는 만들어진다!

세계적인 마케팅 구루 세스 고딘은 저서 《트라이브즈》(유하늘 옮김, 시목, 2020)에서 "대부분의 사람들이 카리스마가 있으면 리더가 된다고 착각한다. 사실은 그 반대다. 리더가 되면 카리스마가 생긴다"라고 강조한다. '나는 카리스마가 없고 리더십이 없는 사람이니까 리더감은 아니다'라고 생각하는 사람이 있다면 그런 생각은 당신에게 별 도움이 되지 않는다. 리더십은 다양한 색깔을 지녔기 때문이다. 강하고 파워풀한 리더십도 있겠지만 부드러운 리더십, 엉뚱한 리더십, 재미 있는 리더십, 조용한 리더십, 스마트한 리더십도 있다. 반드시 필요한 역량이 있다면 그것은 바로 내가 그 커뮤니티를 책임지고 헌신하며 이끌겠다는 마음만 있으면 된다고 생각한다. 물론 그 헌신이 지속되어야 하겠지만.

비즈니스의 끝점은 반드시 리더십이 되어야 한다. 사람들은 따르고 싶은 사람에게 모여들게 되어 있고, 따르고 싶은 사람은 어떤 형태로든 리더십이 있기 때문이다. 결국 우리가 리더십 있는 개인이 되면 사람들은 우리에게 많은 관심을 보이며 우리를 필요로 할 것이다.

리더십은 우선 나를 책임지는 셀프 리더십에서부터 시작한다. 나라는 존재도 스스로 책임지지 못하는 사람을 그 누가 믿고 따르겠는가? 셀프 리더십은 사소해 보이지만 매우 중요한 일상에서 만들어내는 것이다. 내가 내 말에 책임을 지는 것, 말보다 행동으로 보여주는 것, 도덕과 윤리를 따르며 스스로에게 떳떳한 사람이 되는 것. 나는 그런 것이 셀프 리더십의 초석이 되어야 한다고 생각한다.

리더십은 어제보다 더 나은 내가 되기 위해 오늘의 행하는 노력의 합이다. 그것이 모여서 리더십이 되는 것이지 대단하고 폼나는 무언가가 아니다. 보이는 것에만 집중하고 모두가 주목받는 무대에서 반짝이기 위해서만 움직이고 행동하는 사람은 진정한 리더가 아니다. 리더는 아무도 주목하지 않는 무대 뒤에서 자신이 목표하는 바를 묵묵히 지속해서 결국 나와의 외로운 싸움에서 승리하는 사람이라고 생각한다. 그러므로 우리 모두는 리더가 될 수 있다. 우리는 모두 다른 사람들이 따르고 싶은 사람이 될 수 있다.

2장

B u i l d i n g

퍼스널 브랜딩 기본기 다지기

내 안의 나를 바라보는 용기

진짜 '두 눈'으로 보고 있나요?

요즘의 우리 눈은 혹사당하는 중이다. 눈뿐만이 아니다. 하루 종일 스마트폰을 들여다보고 있으니 목도 뻐근하고 허리까지 아파온다. 오죽하면 '포노 사피엔스(스마트폰과 호모사피엔스의 합성어)'라는 신조어가 등장했을까? 스마트폰만 열면 엄청난 볼거리들이 쏟아진다. 뉴스, 영화, 유튜브, 광고 등 그 많은 정보를 작은 눈이 모두 감당하기에 버거울 지경이다. 그 가운데 꼭 알아야 할 것들만 추린다면, 사실 우리 눈이 이처럼 혹사당할 필요는 없을 것이다. 내 것이 아닌 것들, 내게 필요하지도 않은 잡다한 정보들을 보느라 24시간이 모자랄 지경으로 눈과 뇌를 혹사하고 있다니.

바깥 세상을 보고 있자면 잘난 사람도 많고 사고 싶은 것도 많다. 구경거리가 넘쳐 난다. 구경꾼이 되어 정신 없이 클릭하고 스크롤을 올리고 내리다 보면 1시간 정도는 금새 지나간다. SNS 알고리즘은 이때다 싶어 연관 콘텐츠를 자꾸 연결하며 스마트폰 세상에 더 빠져들게 만든다. 다단계도 이런 다단계가 없다.

이처럼 레이더망이 외부로 뻗어 있는 '바깥 세상 바라보기용 눈'에만 집중하다 보니 자연스럽게 내면의 '나 자신을 바라보는 눈'의 기능이 점점 쇠퇴해지고 쓸모없어진다. 사실 나를 바라보는 눈의 역할이 훨씬 중요한데 말이다. 우리는 분명 '세상을 보는 눈'과 '나를 보는 눈'이라는 또 다른 의미의 '두 개의 눈'을 가지고 살고 있다. 이 두 눈을 어떻게 쓰느냐에 따라 우리는 도태될 수도 있고 성장할 수도 있다.

평소에 어떤 눈을 어디에 어떻게 더 많이 쓰고 있는지 체크해볼 필요가 있다. 두 눈을 제대로 사용할 줄 알아야 나의 문제를 제대로 보게 되고 얽혀 있는 실타래를 풀 수 있는 힌트를 얻을 수 있기 때문이다. 그렇게 되면 다른 사람의 문제도 보이게 되고 문제 해결의 열쇠를 쥐여줄 수 있는 사람으로 업그레이드할 수도 있다. 누군가의 문제를 해결해주는 데서 비즈니스가 시작되는 것이니 우선은 내 문제부터 제대로 파악하는 능력을 기르는 게 급선무일 것이다. 따라서 지금 현재 내가 두 눈을 밸런스 있게 잘 쓰고 있는지, 혹여라도 한쪽 눈만 사용하고 있지는 않은지 점검해봐야 한다.

퍼스널 브랜딩은 강점과 약점을 아는 것에서 시작된다

사람들은 대부분 자기만의 퍼스널 브랜드를 갖길 원한다. 그래서 수많은 책을 읽고 정보를 찾아낸다. 개인 브랜딩 방법을 찾기 위해 또다시 바깥 세상만을 보기 시작한다. 그런데 바깥 세상을 보면 볼수록 퍼스널 브랜딩의 핵심과는 멀어지고, 점점 미궁 속으로 빠진다. 잘해보려고 시작한 일이 골칫덩어리가 되는 일이 허다하다.

'Nada(나다)'라는 이름으로 1:1 퍼스널 브랜딩 코칭을 한 경험이 있다. 코칭을 받는 수강생들은 공통적으로 자신을 객관적으로 바라보지 못했다. 사실 자신을 둘러싼 환경 안에서 평소 자기 자신의 감정표출 방식이나 평소 행동 패턴을 파악해 스스로의 강점과 약점을 인지하는 것이 퍼스널 브랜딩에서 매우 중요하다. 어떤 부분을 보강하고 어떤 부분을 강화시켜서 나라는 상품을 세상 밖으로 보낼지 전략을 짤 수 있기 때문이다.

30대 중반의 여성이 내 유튜브를 보고 연락을 했다. 몇 번의 통화만으로도 그녀가 매우 스마트한 사람이라는 것을 알 수 있었다. 이미 책도 두어 권 내고 사회의 쓴맛도 어느 정도 경험한 친구였다. 정보분석 능력이 뛰어났고 조용하지만 날카롭게 사람들의 특징을 잡아내는 매의 눈을 가지고 있었다. 그러나 그녀와 소통을 하면서 나는 그녀가 정작 자신은 제대로 바라보고 있지 않다는 생각이 점점 들기 시작했다. 알고 보니 누구보다 열심히 살았고 무언가를 해보려고 발버둥 치는 과정에서 믿었던 사람들에게 배신 아닌 배신을 당한 것이다. 한마디로 뒤통수를 제대로 맞았던 것이다.

과거의 내가 생각났다. 나 또한 믿었던 사람들에게 정말 큰 배신감을 느꼈던 경험이 있기 때문에 왜 그녀가 세상을 등지고 숨으려고만 하는지 알 것 같았다. 나도 숨고 싶었다. 아무도 만나고 싶지 않았다. 과거에 엄마가 나에게 '헛똑똑이'라고 우스갯소리로 했던 말이 되살아나 칼이 되어 내 심장에 꽂히는 순간이었다. 정말 열심히만 했던 내가 바보 같아서 숨을 쉴 수가 없었다. 지금 와서 생각해보니 그때 나는 '공황장애'에 준하는 고통을 겪었던 것 같다. 내 인생의 최대의 고비였다.

당신의 상처를 바라보세요

인생 최대의 고비를 맞이했을 때 나는 나로부터 도피하는 길을 먼저 택했다. 평소 씩씩하고 활기차며 뭐든 자신감 있게 일을 해냈던 나였기에 갑자기 바보가 된 나를 똑바로 쳐다볼 용기가 나지 않았다. 쳐다보면 너무 억울하고 화가 날 것 같아서 차마 그럴 수 없었다.

그러던 어느 날 우연히 영화 한 편을 보게 되었다. 주인공이 사회로부터 오해를 받으며 마녀사냥 당하듯 손가락질을 받는 상황에서 모든 사람들이 보는 가운데 자신이 가장 드러내기 싫었던 상처를 자발적으로 공개하는 장면이 나왔다. 갑자기 머리를 크게 한 대 맞은 느낌이 들었다. '매 순간 내가 진심이었으면 된 것 아닌가? 적어도 나는 나를 속이지 않았잖아!' 하는 생각이 뇌리를 스쳤다.

그 이후로 죽어도 꺼내기 싫은 내 상처를 용기를 내어 들여다보기 시작했다. 나 자신을 바라보는 눈을 한동안 사용하지 않아서인지 처음에는 낯설고 힘들었다. 마음을 가다듬고 유체이탈하듯 나라는 사람 밖으로 나와 나를 객관적으로 바라보기 시작했다.

'이 사람 지금 참 힘들구나', '지금은 다소 감정적으로 문제를 해결하고 있구나', '지금 타이밍에 해야 할 일들을 미루고 있구나' 등 여러 가지 것들이 인지되면서 지금 내가 해야 할 일들의 우선순위가 정리되고 마음이 오히려 편안해지는 것을 느꼈다. 그토록 열심히 달려왔던 나에게 '수고했다'는 말부터 먼저 해줘야겠다는 생각이 들면서 눈물이 대책 없이 흘러내렸다. 아마도 그동안 상처투성이인 내면의 나를 외면한 채 지내온 시간에 대한 죄책감 때문이었으리라 짐작한다.

그날 이후 나는 마음을 조금씩 열기 시작했다. 매일 내 안의 나를 관심과 애정을 가지고 머뭇거리지 않고 바라봤다. 그런 과정을 거쳐야 상처 난 내 마음에 새살이 더 빨리 돋을 것이고 다시 세상 밖으로 당당하게 걸어갈 수 있으니까. 나처럼 힘든 경험을 한 사람들을 도울 수 있으니까. 진짜 멋진 사업가로 다시 설 수 있으니까.

왼쪽에 새겨진 'Out of Box'

내 왼쪽 손목에는 'Out of Box'라는 타투가 새겨져 있다. 2년 전에 새긴 것이다. 보통 타투는 누군가에게 보여주기 위해 새기는 경우가 많지만 내 타투는 나를 위한 것이다. 그래서 잘 드러나지 않는 곳에 위치해 있다. 매일 타투를 눈으로 스캔하면서 다시 내 뇌에 'Out of Box'라는 글자를 새기는 작업을 한다. 그만큼 나에게 중요한 글귀다.

'Out of Box'는 말 그대로 '박스 밖으로 나오라'라는 의미다. 여기서 박스는 '치열한 삶이라는 현장에서 사는 나 자신'을 말한다. 박스 밖으로 나오려면 유체이탈하듯 나라는 사람을 객관적으로 바라보는 연습을 해야 한다. 이 연습을 꾸준하게 하게 되면 '내 안의 나를 바라보는 눈'의 감각을 키울 수 있다. 그렇게 되면 나를 좀 더 객관적으로 볼 수 있는 기회도 얻을 수 있게 된다. 어떤 부분을 놓치고 있는지, 어떤 부분을 보완해야 할지 알 수 있다. 또한 잘하고 있는 점을 찾아내서 좀 더 강력한 나만의 무기를 만들어낼 수도 있다.

'헬조선'이라는 말이 몇 년 전부터 유행하기 시작했다. 여기서 '헬(hell)'은 '지옥'이라는 뜻인데 열심히 노력하며 살아도 살아남기 어려운 세상을 비꼬는 표현이다. 살기 참 어려운 빡빡한 세상이 맞기는 하다. 아마 코로나가 휩쓸고 간 지금의 세상은 한 술 더 뜬 '헬헬조선'이 되었는지도 모르겠다. 바깥을 보면 돈 버는 사람은 따로 있는 것 같고 나는 더욱더 작아지는 것만 같다. 그 와중에 여전히 생존이라는 평생 숙제가 거머리처럼 떨어지지 않고 나에게 붙어 있다. 매일 한숨이 나고 모든 게 귀찮아진다.

이럴 때는 잠시 박스 밖으로 나와야 한다. 때로는 엉망진창이 된 것 같아 속상하고, 가끔은 열심히 살아도 왜 내 삶에는 변화가 없는지 답답한 생각마저 드는 복잡한 현실 속 내 삶에서 잠시 벗어나 객관적으로 나를 바라봐야 한다. 혹시 놓치면 안 되는 소중한 것을 놓치고 있는 것은 아닌지, 충분히 잘하고 있는 나를 채찍질만 하며 코너로 몰아세우고 있는 것은 아닌지, 신세 한탄하며 세상 탓만 하며 정작 내가 해야 할 것을 미루고 게으름은 피우고 있지는 않은지 나라는 존재를 세심하게 살피고 또 살펴야 한다. 바깥 세상만 구경한다고 한눈팔면 정작 삶을 살아내야 하는 나를 볼 수 없게 된다. 그렇게 되면 정말 많은 것을 잃게 될 수도 있다.

모든 것은 나로부터 시작한다. 모든 책임 또한 나에게 있다. 내 삶에서 내가 빠지면 무슨 의미가 있을까. 세상의 주인공은 나란 사실을 절대 잊지 말아야 한다. 바깥 세상만 바라보지 말고 나를 매일 관심을 가지고 지켜봐야 한다. 그렇게 하다 보면 정말 내가 모르는 또 다른 나를 만날 수도 있다. 확신하건대 자신이 생각하는 것보다 훨씬 더 멋진 '나'를 반드시 만나게 될 것이다. 더 늦기 전에 나를 바라보자. 꼭 '넌 잘하고 있다'라는 말도 잊지 말고 해주길 바란다.

가장 나다운 것이 가장 강력하다

나는야 부산 갈매기

나는 부산 출신이다. 대학을 갓 졸업하고 얻은 첫 직장은 서울 여의도에 있는 작은 반도체 회사였다. 내 업무는 CS(customer service), 즉 거래처 고객 관리 및 소통 업무였다. 외근은 주로 남자직원들의 몫이었고 나는 주로 전화로 거래처와 소통을 했다. 뼛속까지 부산 사람인 까닭에 당연히 자갈치 시장이나 해운대 백사장에서나 들을 수 있는 부산 사투리를 쓸 수밖에 없었다.

입사하고 얼마 되지 않았을 무렵 새침하게 생긴 '서울말 드립 전문가'인 회사 경리 언니가 조용히 할 말이 있다며 나를 불러냈다. "저기, 민정 씨. 기분 나쁘게 듣지 마." 신기하게도 그 말 자체에 기분이 나빠졌다. "거래처에서 컴플레인이 좀 들어와. 전화 받는 사람이 불친절하고 퉁명스럽다고들 그래." 뒤통수를 한 대 맞은 기분이다. 전 세계 주식시장의 역사로 남은 2008년 리먼브라더스의 주가 폭락 사태에 맞먹을 정도라 해도 과언이 아닐 만큼 내 고향 부산의 주가가 폭락하는 순간이었다. 가장 나다움이 '문제거리'가 되어버린 그날이 아직도 생생하다.

그날 이후로 나는 그 경리 언니와 서울말을 연습하는 시간을 가지며 '서울 아가씨 되기 프로젝트'에 돌입했고 나의 정체성인 부산말을 버리기로 마음먹었다. 물론 부산 사투리에 말끝만 올려 말하는 웃픈 상황이 벌어지긴 했지만.

참 흥미로운 것은 내 말투가 문제가 된다고 인식하는 순간 내 자존감이 떨어졌다는 사실이다. 어제까지 아무 문제가 없었던 내 말투가 오늘은 업무의 방해 요인이 되어버렸으니 말이다. 사실 지금이라면 얼마든지 거래처에 직접 전화로 "저는 나쁜 뜻으로 그렇게 말씀드린 게 아닌데 제 사투리 때문에 그런 뉘앙스로 들리셨다면 오해하지 마세요. 부산 사람들은 좋다는 표현이 그래요"라고 당당하게 말했겠지만 그때는 내 삶의 기준이 모호했던 것 같다.

'라도걸'이 탄생한 이유

각각 출신이 다른 팀원들을 코칭하다 보면 간혹 자신의 사투리를 숨기려는 분들이 있다. 그때마다 나는 그분들께 이렇게 말한다. "경상도 분 맞으시죠? 같은 경상도 사람끼리 편하게 대화합시다." 혹은 "충청도 분이신가 봐요. 저는 부산인데. 편하게 사투리로 말해요, 우리.” 자정을 알리는 종소리가 울리면 순식간에 마법이 풀리는 신데렐라처럼 갑자기 세련된 서울말이 구수한 사투리도 변한다. 서로 하하 웃으면서 자연스럽게 대화를 이어나간다.

상대방에게 핀잔을 주려는 의도가 아니다. 사투리는 당당하게 자신을 표현할 수 있는 소중한 것이라는 사실을 간접적으로 말해주고 싶기 때문이다. 언어는 한 민족의 얼이라는 표현이 있듯이 말은 단순히 소통을 위한 수단이 아니라 한 사람의 정체성과 뿌리를 나타내는 소중한 자산이다. 일제강점기를 생각해보라. 우리 조상들이 왜 목숨을 걸고 우리의 말, 한글을 지켜내려고 했는지 생각해보라. 정체성은 그만큼 가치 있는 것이기 때문이 아닐까?

“제 닉네임을 뭐라고 하면 좋을까요? 대표님?”

전라도 출신인 여자 팀원 한 분이 던진 질문에 잠시 고민하다가 이렇게 대답했다. “라도녀 아님 라도걸 어떠세요?” 매번 그녀와 소통을 하다 보면 시골청국장 같은 구수한 전라도 억양을 느낄 수 있다. 제아무리 사투리를 안 쓰려고 애쓰지만 귀가 예민한 나의 레이더망을 피해갈 수는 없었다. “라도걸요? 그게 어떤 뜻이에요?” “전라도에 ‘라도’를 따고 거기에 소녀란 뜻의 ‘girl’을 붙인 거죠. 아예 대놓고 사투리는 쓰면서 유튜브 콘텐츠도 한번 만들어보면 재미있을 것 같아요.”

처음에 대답 대신 웃기만 하던 그 팀원은 다음 날 나에게 유튜브 영상을 하나 보내왔다. 전라도 사투리로 아이들 동화책을 재미있게 읽어주는 영상이었다. 얼마나 혼자 웃었는지 모른다. 혼자

보기 아까워 영상을 다른 팀원들에게 공유했더니 반응이 폭발적이었다. 우리는 모두 그녀의 매력 넘치는 전라도 사투리에 푹 빠져버렸다. 그녀는 지금 '라도걸'이라는 이름으로 SNS에서 활동하고 있다. 전라남도 특유의 사투리가 난무하는 영상과 글을 통해 자신의 정체성을 뿜어내면서 말이다. 이제 가장 그녀다운 모습으로 단단히 무장한 것이다.

'나'를 찾아 삼만리

세상은 지금 팔로워들로 가득하다. 모두가 멀티 페르소나 게임의 피해자다. 무엇이 진짜이고 거짓인지 헷갈릴 만큼 SNS에 만들어진 이미지로 속이고 속임을 당한다. 우리가 그런 게임에서 벗어날 수 없는 이유가 무엇일까? 언제부터 우리는 예쁘고 섹시하고 폼나는 캐릭터를 우상화하며 생각 없이 그들의 뒤를 좇는 좀비가 되었을까? 우리는 영원한 팔로워인가?

리더가 있으면 따르는 자가 있는 것은 당연한 이치겠지만 이 세상에서 살아남는 사람이 되기 위해서 누군가를 팔로우하는 일만 해서는 곤란하다. 누군가가 팔로우하고 싶은 사람이 되어야 한다. 그런 사람이 되기 위해서 우리가 해야 할 일은 과연 무엇일까?

답은 의외로 간단하다. 매력적인 사람이 되는 것이다. '뭐야, 그러면 성형하고 다이어트해야 해?'라고 생각한다면 한참 잘못 짚었다. 물론 외형적인 모습이 매력적이면 보너스 점수가 생기겠지만 보여지는 것은 잠깐이다. 오래가지 못한다. 생존에서 경쟁력을 가지고 오래 살아남기 위해서는 좀 더 강력한 나만의 매력이 필요하다. 그것이 꼭 완벽할 필요는 없다. 나만의 매력을 찾기 위해서는 나를 잘 알아야 한다. 내가 어떤 것을 잘하고 못하는지, 어떤 것을 잘 알고 잘 모르는지, 어떤 것을 좋아하고 싫어하는지 스스로 잘 파악하고 있어야 한다.

슬프게도 우리는 스스로를 생각보다 잘 알지 못한다. 삶의 무게에 짓눌려 나란 존재를 잊고 살아온 시간이 길어지다 보니 결국 내가 무엇에 관심이 있고, 무엇을 할 때 가장 행복한지 생각해보는 것 자체가 풀기 어려운 숙제가 된 것이다. 실제로 내 경험상 "무엇을 할 때 제일 행복하세요?"라고 묻는 질문에 당황하는 사람들이 꽤 많았던 것 같다. 때로는 잠시 생각을 하다가 눈시울이 붉어지는 분들도 꽤 있었다. 그런 반응이 나온 이유가 혹시 나를 살피고 돌아볼 여유 없이 살다 보니 내 정체성을 잃어버린 것 같은 상실감 때문은 아니었을까?

괜찮다. 오늘부터 나를 찾아가면 된다. 대단한 것을 찾을 필요가 없다. 작고 사소한 것이라도 가장 나다운 것이 좋다. 그것이 가장 강력한 무기이기 때문이다. 사람들은 대단한 것에만 반응할 것 같아도 그렇지 않다. 오히려 자신의 삶과 크게 다르지 않은 누군가가 주어진 삶을 사랑하고 그 삶에서 의미를 찾아가는 여정에 반응하고 공감한다. 지금 사람들이 필요로 하는 것은 자신들의 삶과는 거리가 멀어 감히 따라갈 엄두가 나지 않는 대단한 성공자가 아니다. '나도 저 사람만큼은 해볼 수 있을 것 같다'는 느낌을 주는 오늘을 사는 평범한 영웅이기 때문이다.

'진짜 나'를 찾는 여정이 그렇게 쉽지만은 않을 것이다. 그러나 진정한 나를 찾는 길을 걷다 보면 내가 놓치고 있었던 나의 가능성을 보게 될 것이다. 사람은 사람을 통해 위로를 받는다. 우리가 가장 나다운 모습으로 누군가에게 힘이 되고 에너지가 되는 사람이 된다면 그것만큼 행복한 일이 있을 수 있을까? 자, 이제 길을 떠날 준비를 해보자. 누구도 흉내 낼 수 없는 가장 나다운 모습을 찾아 나서자. 그것이 반드시 가장 나의 가장 강력한 무기가 되어 돌아올 것이다.

고통 즐기기 기술을 연마하라

'작은 영웅'에 도전하다

요즘 인스타그램에서는 #바프(바디 프로필)가 핫한 해시태그다. 과감한 의상과 포즈로 유혹하는 듯한 바프 사진을 보고 있노라면 노출증 환자들의 '자기 과시 놀이'쯤으로 폄하하고 싶은 마음이 든다. 부러우면 지는 거니까 그들의 놀이를 평가절하는 게 그나마 위로가 된다.

멋진 바프 사진들이 내 눈만 자극한 게 아니라 마음까지 자극하기 시작했는지 어느 날 문득 '나도 한번 도전해볼까?'라는 생각이 스멀스멀 올라오기 시작했다. 전신 거울에 비친 내 몸매를 보고 있자니 현타('현실자각 타임', 헛된 꿈이나 망상 따위에 빠져 있다가 자기가 처한 실제 상황을 깨닫게 되는 시간)가 오기도 했지만 인생에 한 번쯤은 해볼 만한 도전일 것 같아서 일을 벌였다.

즉, 다이어트 행군을 결심한 것이다. 다이어트를 시

작하자 매일 아침 나를 반겨주던 브런치라는 어제의 아군은 내 살과의 전쟁에서 과감히 처단해야 하는 오늘의 적군으로 순식간에 바뀌었다. 하루아침에 나의 최애템(가장 애정하는 아이템)인 빵이 최악템이 되어 빵 보기를 돌같이 해야 상황이 벌어졌다.

그뿐만이 아니었다. 운동을 안 한 지 오래되어 몸이 굳어버렸는지 스트레칭만 해도 나도 모르게 외마디 비명이 흘러나왔다. 모든 것이 고통스럽다. '괜히 시작했나?' 하는 마음이 든다. 갑자기 바프 사진 속의 사람들이 달리 보이기 시작한다. 그리고 깨닫는다. 그들은 노출증 환자가 아니라 변화를 위해 자발적으로 고통을 즐기기로 결단하고 결국 결과를 만들어낸 '작은 영웅'들이라는 것을.

그럼에도 불구하고 vs 그렇기 때문에

"새벽 5시 30분이요?" 모두가 눈이 휘둥그레진다. 왜 하필 새벽 5시 30분이냐고 말하고 싶은 마음이 굴뚝 같아 보이지만 이내 체념한 듯 살짝 미소를 띄운다. 내가 운영하는 커뮤니티의 멤버들은 내 스타일을 안다. 나는 무조건 결단을 받아내는 사람이라는 것을 아는 것이다. 죽었다 깨어나도 내가 마음먹은 것은 해내고야 만다는 것을 봐왔기 때문에 더욱 그러할 것이다.

나는 새벽독서 모임을 리딩하고 있다. 새벽독서는 줌미팅으로 새벽 5시 30분에서 6시 30분까지 진행된다. '독서 경영 코칭'이 목적이기 때문에 대부분은 비즈니스 관련 서적을 다룬다. 부스스한 머리, 퉁퉁 부은 눈, 잠긴 목소리 등 줌 영상에 보이는 모습들은 가관도 아니다. 물론 나도 포함해서. 그래도 모두 눈빛만은 살아 있다. 이 독서 모임을 통해 내가 꼭 세상에 살아남아야 한다는 결연한 마음이 화면을 뚫고 나온다. 새벽독서 모임에 관심이 있어서 문의를 하는 사람들 중 대부분은 시간대를 듣고 포기하는 경우가 많다. 왜 하필 그 시간에 독서 모임을 하냐고 대놓고 말하지는 않지만 그들의 눈빛과 몇 마디 말로도 알 수 있다.

그 많은 시간대 중에 새벽 5시 30분을 선택한 단 하나의 이유는 '그럼에도 불구하고 해낼 사람'인지 아니면 '그렇기 때문에 못하는 사람'인지 처음부터 그들의 의지를 테스트하기 위한 것이다. 테스트의 1차 관문을 통과한 사람들은 2주간 워밍업 기간을 갖는다. 과연 약속을 지키고 2주간 꾸준히 참석하는지 2차 테스트 기간을 갖는다. 작심삼일로 끝낼 사람이라면 아예 시작하지 않는 게 맞다. 성공은 그렇게 만만한 게 아니기 때문이다. 애초에 자신의 사업을 성장시키기 위해 시작한 독서라면 당연히 결연한 마음으로 참석하는 게 맞지 않을까?

1차 관문과 2차 관문을 통해 걸러진 사람들이 독서 모임에 참석하는 태도는 당연히 다를 수밖에 없다. 그래도 그 여정이 쉽지만은 않다. 여전히 잠이라는 유혹을 떨쳐버리지 못하고 중간에 포기하는 사람도 생긴다. 그러나 얼마 지나지 않아 참가자들은 엄청난 사실을 발견하게 된다. 잠에서 막 깨어나 책을 읽고 토론해야 하는 새벽이 처음에는 '고통의 시간'이었지만 어느새 '새벽 5시 30분'은

'나도 고통을 감내하고 변화를 만들 수 있는 꽤 멋진 사람이라는 확신을 주는 시간'으로 탈바꿈된다는 사실을 깨닫는 것이다.

성공을 하는 사람들의 공통적인 특징은 자발적으로 고통을 감수하려는 의지가 있다는 것이다. '성공'이라는 화려한 이면에는 정말 하기 싫은 일을 꾸준히 반복한 그들의 고통이 누적되어 있다는 사실을 알아야 한다.

고통을 만나러 갑니다

새로운 고객을 만나는 현장은 매번 나에게는 고통이었다. 대부분 콜드 콘택트나 콜드콜로 연결된 사람들이 나를 보는 눈빛이 항상 차가웠기 때문에 늘 긴장했던 것 같다. 콜드(cold)로 연결된 고객에게 웜(warm)한 태도를 기대할 수 없는 것은 당연한 이치인데도 미팅이 있는 날이면 오늘은 또 어떤 불편한 상황이 만들어질지 두려웠다. 그렇게 항상 두려움이 내 마음 한편에 자리잡고 있었지만 두려움이 주는 고통을 감내하면서 늘 용기를 냈다. 나는 한술 더 떠서 길거리를 지나다니는 행인에게 말을 걸어보기도 하고 모르는 가게에 문을 두드리고 들어가서 어색한 침묵이 감도는 분위기 속에서도 꿋꿋이 몇 마디를 건네고 나오곤 했다.

그렇게 꽤 긴 시간 나는 자발적으로 고통을 따라다녔다. 8년이 지난 지금 그동안 누적된 고통의 시간은 나를 괴물로 만들었다. 나에게 고객과의 소통은 이제 즐길 수 있는 게임이지 더 이상 고통이 아니다. 고통을 즐기는 수준에 이르렀다고 해야 할까?

불이 뜨겁다는 것은 분명 누군가의 고통이 있었기에 알게 된 사실이고, 공무원 시험이 어렵다는 것도 누군가 미치도록 고통스러운 시간을 겪었기에 알게 된 사실이다. 달에 지구인이 착륙할 수 있었던 것도 죽을 수도 있다는 두려움이 주는 고통을 누군가는 감내했기 때문에 가능했던 일이다. 우리는 행복하고 편안한 상태를 제공하는 안전지대에서 벗어나지 않는다면 결코 성장할 수도 없고 성공할 수도 없다. 누군가는 다치고 누군가는 상처받고 누군가는 배신을 당하는 고통을 겪어야 발전과 성장이라는 아름다운 단어들과 만날 수 있다는 결론이 난다.

삶과 비즈니스에서 우리는 매번 선택의 갈림길에 서게 된다. 쉬운 길도 있고 어려운 길도 있다. 대부분은 쉬운 길을 찾아 떠나겠지만, 사실 삶이 주는 가치와 깨달음은 안타깝게도 어려운 길의 곳곳에 꽁꽁 숨겨져 있다. 어려운 길을 선택해서 걷다 보면 필연적으로 실패와 거절, 배신과 상처와 같은 우리에게 고통을 안겨주는 단어들을 만날 수밖에 없다. 그러나 우리가 그 길을 선택할 가치가 있는 이유는 그 길의 끝에는 반드시 성장과 성공이라는 보물이 있기 때문이다. 지금 이 순간에도 누군가는 자신의 성공과 진정한 성장을 위해 용기를 내어 고통에 당당히 맞서겠다는 각오로 어려운 길을 향해 떠나고 있을 것이다. 나는 그들의 여정에 큰 박수를 보내고 싶다. 그리고 확신한다. 반드시 그들은 고통을 즐길 줄 아는 멋진 괴물이 되어 다시 돌아올 것이다.

소비자에서 공급자가 되라

세상에서 가장 힘든 일

사람은 태어나면서부터 소비를 시작한다. 공기를 소비하고 엄마의 젖을 소비하고 옷과 기저귀를 소비한다. 또한 성장하면서는 부모 혹은 사회로부터 많은 것을 제공받는다. 생존과 적응을 위해 인간은 처음부터 주는 것보다 받는 것에 익숙하도록 프로그래밍되었는지도 모르겠다. 받는 것이 익숙해지고 그 일상들이 누적되다 보니 우리는 어느새 자연스럽게 뼛속까지 소비자가 되어버렸다. 일상의 누적이 습관과 태도로 이어질 수밖에 없는 것은 당연한 이치니까.

비즈니스를 이제 막 시작한 사람들이 겪는 가장 힘든 일 중 하나는 바로 평생 소비만 하고 내 이익만 생각했던 개인적인 태도에서 누군가에게 무언가를 제공해야 하는 공급자의 태도를 갖기 위해 관점을 전환하는 일이다.

만약 하루아침에 새침한 아가씨가 애 셋 딸린 아줌마가 되어버린 영화 같은 일이 벌어졌다고 가정해보자. 화장대에 앉아서 좋아하는 음악을 흥얼거리며, 마스카라로 속눈썹을 자기 자존심만큼 들어올릴 시간이 있을 거란 생각은 애초에 버려야 할 것이다. 이제 막 태어난 막내는 배가 고픈지 목청이 터져라 울고, 미운 세 살 둘째는 '애정템' 아이보리 소파에 네임펜으로 열심히 낙서 중이다. 멘붕이 오려는 순간, 시계를 보니 큰 애의 유치원 픽업을 가야 할 시간이다. 미치고 환장하겠다는 말이 절로 나오지만 마음대로 미칠 수도 없다.

이때는 마음을 비워야 한다. 아니 마음을 바꿔야 한다. 나만 챙기면 되었던 개인적인 태도에서 아이를 위해 자신의 것을 내놓는 어머니의 태도로 최대한 빨리 태세를 변환해야 한다. 그것만이 유일한 돌파구다. 이처럼 공급자가 되는 일은 어쩌면 세상에서 가장 힘든 일일지도 모른다. 관점을 바꾼다는 것은 세상을 바라보는 나의 프레임을 180도로 바꾸는 일이기 때문이다. 쉽게 말해 오른손잡이가 왼손잡이가 되고, 남자가 여자가 되고, 서양인이 동양인이 되는 일이나 마찬가지다. '그런 어려운 일을 내가 왜 해야 해?'라는 생각이 든다면 다시 소비자로 돌아가면 된다. 하지만 넋 놓고 그냥 소비만 하는 삶을 살다가 생존을 위협받을 만한 '진짜 힘든 일'을 겪을지도 모른다. 어떤 일이 진짜 힘든 일인지에 대한 답은 설명하지 않아도 이미 당신은 알고 있다.

미안해, 내가 이기적이었어

소비자는 이기적이다. 유전자 자체가 이기적인 것인지 그들은 일방적이고 자기밖에 모른다. 자신의 감정에 충실하고 조금만 불편하면 징징대기 일쑤다. 전공은 우기기요, 부전공은 거짓말이다. 한 것도 안 한 것이고 안 한 것도 한 것이다. 참 대단한 존재다. 절대 싸워서 이길 수 없다.

내가 만난 고객들도 하나같이 이기적이었다. 한 고객은 내가 보낸 택배를 받은 후 전화해서 왜 택배 상자를 집 앞에 두지 않고 경비실에 뒀냐며 불같이 화를 냈다. 내가 택배 기사도 아닌데 말이다. 어이가 가출하게 만든다. 또 어떤 고객은 미팅 약속을 잡아놓고도 세 번이나 나를 바람 맞혔으면서도 미안하다는 말 한마디 건네지 않았다. 그때는 아무리 고객이라지만 정말 해도 너무하다는 생각이 들었다. 미팅 자체를 잊어버리고 되려 "내가 언제 그 시간에 약속을 했냐"며 화를 내는 고객보다 양호한 경우이긴 하지만. 때로는 결론도 나지 않는 자기 신세 한탄을 장작 1시간 동안 떠들어대는 무개념 고객 때문에 정작 중요한 업무를 놓치는 경우도 있었다. 이 밖에도 고구마 100개쯤은 먹은 듯 내 속을 꽉 막히게 만든 사례는 얼마든지 있었다. 그러니 고객을 내 자식처럼 생각할 줄 아는 바다같이 넓은 마음이 없다면 뚜껑 열릴 일은 하루에 12번도 더 생길 수 있다.

첫 아이를 낳고 한 달쯤 되었을 무렵 엄마가 생각나서 혼자 펑펑 울었던 기억이 난다. 애 하나 키우기도 이렇게 힘든데 일하면서 세 남매를 키우는 게 얼마나 힘들었을까 생각하니 눈물이 절로 났다. 엄마에게 못되게 굴었던 철없던 내 20대가 떠올라 더 미안하고 죄책감이 들었다. 비즈니스를 시작하면서도 비슷한 마음이 들었던 것 같다. 소비자라는 이유만으로 가게 주인에게 별것 아닌 일에 꼬투리를 잡았던 일, 귀찮다는 이유로 매몰차게 거절했던 일, 굳이 그럴 필요까지 없었는데 소비자 고발센터에 전화했던 일들. 공급자가 되어 보니 이제야 그들을 마음 깊이 이해할 수 있게 된다. "미안합니다. 제가 정말 이기적이었어요."

MJKU 멤버를 모집합니다

나는 MJKU(MJKIM University)라는 커뮤니티를 운영하고 있다. 김미경 대표가 운영하는 MKYU를 벤치마킹했냐고 묻을 수도 있겠지만 대답은 'No'다. 내가 이 이니셜을 쓰는 이유는 2018년부터 이미 온라인에서 내 영어 이름이자 MJKIM(엠제이킴)이라는 개인 브랜드로 고객을 만나왔기 때문이고 이렇게 고객에게 각인된 이니셜을 그대로 사용하는 게 나에게는 당연히 유리하기 때문이다.

더 중요한 진짜 이유는 따로 있다. 평생교육을 목표로 하는 MKYU와는 달리, MJKU는 소비자를 공급자로 탈바꿈시키는 것을 목표로 하는 '사업가 배출 교육'에 초점을 둔다. 다시 말해 '꿈을 향한 교육'이라는 슬로건으로 다양한 니즈를 가진 소비자를 타깃팅한 교육이 김미경 대표가 운영하는 MKYU의 특징이라면, 내가 운영하는 MJKU는 삶이라는 전쟁터에서 반드시 살아남기 위해 사업가가 되기로 결심한 고객들을 타깃으로 한 '생존 교육'이라는 점에서 큰 차별성이 있다고 생각하면 된다. MJKU에서는 귀에 못이 박히게 소비자에서 공급자로의 관점을 전환하는 일이 중요하다고 말한다. 아마 MJKU 커뮤니티 멤버들은 자다가 벌떡 일어나서도 '공급자'를 외칠지도 모른다. 그런 정도의 각인이 필요할 만큼 사업에서 공급자의 시선을 갖는 것은 중요한 동시에 매우 어려운 일이다.

공급자는 영어로 'Provider'다. 즉, 무언가를 제공하고 줘야 한다는 것이다. 돈을 받고 제품과 서비스를 주면 그것으로 끝이라고 생각하는 미개한 공급자가 아직도 있다면 앞으로 시장에서 살아남을 가능성은 희박하다고 본다. 그 사람은 공급자가 아니라 물물교환자다. 공급자는 소비자가 생각하는 이상의 것을 줄 마음을 갖고 있어야 한다. 그러기 위해서는 소비자를 배려하는 차원을 넘어서 고객을 감동시키는 것을 목표로 삼아야 한다.

이때 필요한 것이 바로 '이타심'이다. 이타심의 사전적 의미는 '남을 위하거나 이롭게 하는 마음'이다. 돈이 오가는 비즈니스 현장에서 진정한 이타심을 갖기란 여간 어려운 일이 아니다. 이타심은 돈을 벌고자 하는 내 욕심을 내려놓고 다소 손해를 보더라도 남을 먼저 위하는 마음을 갖는 데서 출발하기 때문에 생존 앞에서 그런 여유를 부린다는 것은 결코 쉽지 않다. 그래서 대부분 공급자들은 소비자의 지갑에만 관심을 두는 데 급급하여 정작 소비자가 가진 진짜 문제에 관심을 둘 생각 자체를 못하는 경우가 많다.

MJKU의 교육은 관점 전환에 사활을 건다. 오랜 세월 내 몸에 밴 습관 때문에 틀어진 체형이 한 번의 스트레칭으로 교정되지 않듯이 장기적인 플랜을 가지고 매일 스트레칭하듯 관점을 조금씩 전환해야 한다.

공급자의 시선으로 바라보는 세상

MJKU에서 관점 전환을 위한 훈련의 일원으로 진행하는 새벽독서 모임은 대부분 경제·경영 서적을 다룬다. 양질의 인사이트를 얻을 수 있는 책의 서너 페이지를 모임 하루 전에 올리면 수강생들은 미리 읽고 최소 3가지의 키워드와 가장 와닿는 문장 하나를 잡아낸다. 모임 당일에는 책에서 얻은 힌트를 통해 무엇을 어떻게 내 사업에 접목할지를 고민하면서 어제보다 나은 사업의 방향성을 찾아 수정 보완해나간다. 여기서 소비자 관점으로 책을 읽어서는 발전이 없다. 철저히 공급자의 시선으로 책을 읽어야 비로소 나의 고객이 정의되고 내 고객의 문제가 보이기 시작한다. 그때가 바로 사업의 시작임을 깨닫는 순간이다. 그 순간이 와야 최소한 공급자라는 이름의 명함이라도 만들 수 있을 것이다.

생존은 지극히 이기적인 단어라고 치부해버릴 수 있다. 하지만 진짜 바람직하고 지혜로운 생존은 결국 함께 어울리며 살아가는 '공생의 삶'이 아닐까? 어릴 적 지옥과 천국의 차이에 대한 이야기를 들은 기억이 난다. 점심시간이 되어 진수성찬의 음식이 나왔는데, 숟가락이 사람 키보다 커서 도저히 음식을 먹을 수 없는 상황이 주어지자 지옥에 있는 사람들은 서로 그 숟가락을 차지하려고 목숨을 걸고 싸우는 반면 천국에 있는 사람들은 당장 배가 고픈 것을 참고 서로 힘을 합쳐서 숟가락을 들고 순서를 정해 남을 먼저 먹여줬다는 이야기였다. 지옥에 있는 자들은 결국 나만 먹으려는 이기적인 마음 때문에 오히려 밥을 굶게 되는 상황을 초래한 반면, 천국에 있는 사람들은 자신의 욕심은 내려놓고 모두가 함께 살아가기 위해 양보하고 배려하는 마음 덕분에 모두의 배를 불릴 수 있었다는 것이었다.

모두가 살아남기 위해서는 누군가는 먼저 양보하고 배려해야 한다. 그러려면 이타심을 가지고 나보다 남을 먼저 생각하는 여유를 가질 줄 알아야 한다. 그런 한 차원 높은 마음으로 세상을 바라보는 공급자가 늘어나면 늘어날수록 지구촌 여기저기에서 생기는 크고 작은 문제들을 해결하는 일들이 훨씬 더 쉬워질지도 모른다.

누구나 소비자가 될 수 있지만 아무나 공급자가 될 수는 없다. 나만 생각하는 이기심을 조금만 내려놓고 세상의 문제를 함께 해결해나가기 위해 공급자의 대열에 서 보려는 결심을 한다면 생각지도 못한 선물이 주어질지도 모른다. 매우 짜릿하고 가슴 뭉클한 선물 같은 일 말이다. 궁금하다면 하루 빨리 공급자가 되어보길 강력히 추천한다. 공급자의 시선을 세상을 바라보는 순간 내가 말하는 선물이 무엇인지 알게 될 것이다.나는 오늘도 그 선물을 받기 위해 기꺼이 이타심을 휘날리며 멋진 공급자의 삶을 살 것이다.

실패 데이터 만들기 프로젝트

실패투성이 캐릭터가 투척한 메시지

요즘 웬만한 연예인보다 훨씬 핫한 인물이 있다면 바로 SNL 인턴기자 '주현영'이 아닐까? MZ세대의 폭풍 공감을 얻으며 떡상한 그녀는 사회초년생 인턴기자라는 콘셉트로 미리 준비된 멘트 외에는 답을 하지 못하는 2% 부족한 캐릭터를 진짜처럼 소화해낸다. 이 초짜 기자는 늘 긴장한 상태다. 앵커의 번외 질문에 대한 동문서답은 기본이고 조금이라도 난감한 상황이 발생하면 눈물 공세도 서슴지 않는다. 한마디로 주현영 기자는 '실패투성이' 캐릭터다. 바닥이 드러나는 자신의 배경 지식에도 아랑곳하지 않고 나름의 틀린 대답을 꿋꿋하게 끝까지 하는 것을 보면 실로 '애정하지' 않을 수 없다. 사회초년생만이 가질 수 있는 '틀림의 미학'이란 바로 이런 것이 아닐까?

주현영 기자 캐릭터가 주는 '재미'의 이면에는 우

리가 꼭 생각해보고 넘어가야 할 것이 있다. 유독 대한민국 사람들은 틀리는 것에 스스로 관대하지 못하다는 사실이다. 이는 엉뚱한 생각으로 새로운 아이디어를 만드는 아티스트보다는 정답을 도출하는 능력이 우수한 모범생 인재를 더 많이 배출해서 생산성을 높이는 데 집중해야만 했던, 초고속 경제성장시대가 낳은 오래된 습관이자 부작용이 아닐까 생각해본다.

생각할 거리는 또 있다. 한국 사람들은 유난히, '튀는 것'을 좋아하지 않는다. 요즘은 많이 달라졌다 해도, 남들보다 튀는 것을 겸손하지 않은 것으로 생각하는 가치관 또한 매우 고정된 관념이다.

우리말에서 '튄다'는 단어는 긍정보다는 부정적인 뉘앙스가 많이 담겨 있다. 적당하게 중간 정도로만 하는 것이 살아남는 데 유리하다는 암묵적인 규칙이라도 있는 것처럼 우리는 대담한 시도보다는 실패 확률이 낮은 '안전빵'을 선택하는 것에 더 익숙하다. 사실 몇 년 전까지만 해도 한참 꿈을 키우고 엉뚱한 상상을 해야 하는 초등학생들의 꿈 1위가 '공무원'이었을 정도이니 '안전빵'에 관한 신화가 얼마나 공고한지를 알 수 있다. 초등생들의 꿈이 공무원이니 대기업 사원이니 하는 이야기를 듣고 있자면 참으로 씁쓸해진다.

왜 우리는 이토록 '틀리는' 것을 두려워할까? 사회가 정해놓은 일정한 기준에 자기 자신의 삶을 맞추기 위해 피나게 노력하는 것일까? 남과 다른 삶을 사는 것을 왜 무서워할까? 이 정도라면, 진짜 '실패는 성공의 어머니'라는 명언이 맞기는 한 걸까?

실패를 성공하세요?

나는 '콜드콜'을 코칭하고 있다. 콜드콜은 모르는 사람에게 전화를 해서 사업을 제안하거나 미팅을 제안하는 방식을 말한다. 말 그대로 콜드(cold)이다 보니 매우 차갑고 냉정한 대답과 거절을 받아내야 한다. 처음 콜드콜을 시도하려고 하는 사람들은 세상만사 근심과 걱정을 다 짊어진 목소리로 한숨을 푹푹 내쉰다. 자발적으로 해보겠다고 마음을 먹지만 이내 울상이 되어 "너무 두려워요"라고 말한다. 행여나 콜드콜을 성공해서 미팅이라도 잡힌 날에는 갑자기 도살장에 끌려가는 소로 변신한다. 그리고 매우 초조한 목소리로 이런 질문들을 쏟아낸다.

"저, 가면 어떻게 하면 돼요? 어떻게 하면 성공적인 미팅을 할 수 있을까요? 어떤 멘트를 해야 거래처 사장님의 마음에 들까요?"

그럴 때마다 나는 한결같이 이렇게 대답한다.

"일단 가셔서 미팅 실패하고 오세요."

답을 들은 팀원들은 결혼을 하루 앞두고 갑자기 파혼을 요구당한 양 매우 황당하다는 목소리로 대답한다. "네? 실패요?" "네. 미팅을 성공시키려고 애쓰지 말고 부족하더라도 최선을 다해 미팅하고 멋지게 실패하고 오세요." 어떻게는 '예스'를 얻어야 하는 미팅인데 성공하는 방법을 가르쳐주지는 못할망정 실패를 멋지게 하고 오라고 하니 황당할 수밖에 없는 것이다.

팀원 중 얼굴 보조개가 너무 매력적인 50대 후반 여성이 있다. 어느 날 내가 보조개 미녀라고 불러드렸더니 그때부터 보미(보조개 미녀를 줄인 말)라는 닉네임으로 활동하고 있다. 나이가 팀원분들 가운데 많은 편에 속하지만 열정만큼은 2등이라고 하면 서러울 정도다. 그녀는 콜드콜에 쉬지 않고 도전해왔다. 처음에는 콜드콜 성공률이 많이 낮았다. 아니 거의 성공하지 못했다고 하는 게 맞겠다. 보조개 미녀의 트레이드마크인 보조개를 찾아볼 수 없을 정도로 콜드콜의 쓴맛을 보게 될 때면 어김없이 나에게 '콜드콜 미팅 답안지'를 원했다. 틀리기 싫고 실패하기 싫은 마음 때문에 어떻게 하면 성공적인 미팅을 할 수 있는지 묻고 또 물었다.

그럴 때마다 나는 항상 같은 대답을 했다. "보미 사장님! 가셔서 틀리고 오세요. 겁먹지 마시고요." 얼마나 황당했을까? 사실 얼마 전 보미는 그때 '혹시 경험이 없고 잘 몰라서 답을 안 주는 게 아닐까'라고 의심했다고 고백했다. 돌이켜보니 충분히 오해할 만한 여지가 있었던 것 같다. 그러나 '진짜 실력'을 가지고 있으면 그런 의심에는 크게 개의치 않는다. 여하튼 보미는 내가 요구한 대로 실패를 성공해나갔다.

실패는 실패에서 그치면 절대 데이터가 될 수 없기 때문에 비록 미팅이 실패로 끝났다 하더라도 여기서 그치지 않고 미팅에서 아쉬웠던 부분, 앞으로 개선할 부분 등을 유튜브 영상으로 담아내면 좋다. 보미도 자신의 실패를 데이터로 만들면서 셀프 피드백을 해나갔다. 이런 오답노트는 자신이 어떤 점이 부족했고 무엇을 할 줄 몰랐는지를 아는 메타인지를 높여줌으로써 우리를 다음 단계로 성장시킨다.

나의 멘토이자 세상에서 가장 유명한 사상가 나심 탈레브는 저서 《안티프래질》(안세민 옮김, 와이즈베리, 2013)에서 실패에 대해 우리가 가져야 할 마음가짐을 다음과 같이 강조한다.

"나는 실패를 한 후 새로운 정보를 얻거나 그 이유를 찾기보다, 자기반성을 하지 않고 실패를 활용하려고 하지 않으며 당혹스럽고 방어적인 자세만을 취하는 사람을 패배자(loser)로 규정한다."

이처럼 진정한 루저는 실패를 배움으로 받아들이지 못하는 사람이라는 사실을 기억하고, 망설이지 말고 멋지게 실패를 성공하자. 그래서 진짜 성공에 한걸음씩 다가가보자.

'실패 스토리가' 더 섹시하다

사람들은 성공을 희망한다. '성공 스토리'만을 원하지 '실패 스토리'에는 관심이 없다. 성공하기도 바빠 죽겠는데 실패할 시간이 없다고 말하는 사람들에게 꼭 해주고 싶은 말이 있다. 미안하지만 성공하려면 실패를 제대로 할 절대 시간이 필요하다. 성공은 실패라는 과정에서 생긴 경험 데이터가 축적된 결과이기 때문이다.

데이터가 돈인 시대다. 실제 빅데이터 기술로 많은 기업들은 시장을 분석하고 성과를 만들어낸다. 사람들이 만들어놓은 흔적을 바탕으로 소비자의 니즈를 파악해서 그들의 마음을 얻으려고 안간힘을 쓴다.

같은 맥락에서 실패는 비즈니스의 최전방인 현장에서 치열하게 소비자의 거절을 받아낸 값진 데이터다. 이런 실패 데이터는 쌓이면 쌓일수록 더 강력한 무기가 된다. 다음 도전에 가속도를 붙게 해주고 여러 가지 상황을 유연성 있게 대처할 수 있는 능력을 높여준다. 더 나아가 타깃팅한 시장을 하나의 연결된 유기체로 바라보게 해주는 통찰력까지 얻게 해준다.

이름만 '실패'지 결국 우리에게 실패는 성공을 위한 값진 '선물'이다. 나 또한 8년간의 비즈니스 현장에서 수없이 많은 실패를 선물받았다. 실패를 통해 시장을 읽는 능력을 키울 수 있었고 거절을 극복하는 심리를 얻었다. 나라는 사람을 객관적으로 평가할 수 있는 기회를 갖게 되어 보강해야 할 부분을 찾을 수 있었다. 이처럼 실패는 비즈니스라는 '전쟁터'에서 전사하지 않고 끝까지 살아남을 수 있게 하는 '생명줄'이라고 해도 과언이 아니다.

우리는 잘 틀리고 많이 틀려봐야 한다. 성공을 위한 실패를 당연히 즐겨야 하는 과정으로 바라보는 여유를 가져야 한다. 실체가 없는 두려움 때문에 멋지게 실패할 기회를 놓쳐서는 안 된다. 멋지게 틀리는 횟수가 늘어날수록 성공에 가까워지는 당신의 모습을 찾아내야 한다.

나는 누구보다도 실패 스토리가 많다고 자부한다. 지금도 나의 실패 스토리는 많은 사람들에게 멋진 인사이트가 되고 있고 그들에게 기꺼이 틀릴 수 있는 용기를 주고 있다. 만약 누군가가 다시 과거의 그때로 돌아가서 실패를 반복할 의향이 있냐고 묻는다면 손사래를 치며 사양할 정도로 쓰라린 순간들이지만 나는 안다. 바로 그 아찔했던 실패의 순간들이 나를 더없이 섹시한 사업가로 만들었다는 사실을 아는 것이다.

성공부터 하려고 애쓰지 말기 바란다. 과감히 틀리고 수정하고 다시 틀리기를 바란다. 당신만의 섹시한 실패 스토리를 만들어나가길 바란다. 그 실패 스토리가 결국 그토록 당신이 원하는 성공스토리에 절대 빠져서는 안 되는 밑거름이 된다는 사실을 곧 깨닫게 될 것이다.

돈 되는 언어 vs 돈 안 되는 언어

그들이 커피숍에 모이는 이유

"지원이 엄마! 오늘 10시 알지?" 약속이나 한 듯 그녀들이 모이는 시간은 오전 10시. 애들 보내고 남편 보내고 집 근처 커피숍으로 하나둘씩 모이기 시작한다.

"나 오늘 건드리지 마! 터지기 일보 직전이야! 이 노무 인간 어제도 새벽 4시가 다 되어서 들어온 거 있지? 하숙집이야, 뭐야! 내가 미쳤지! 그런 인간과 결혼한 내가 미친 거야!"

"자기야! 그나마 남편한테는 화풀이라도 하지. 세상에 어제 우리 시어머니가 얼마 전에 김장을 했으면서 또 김치 담근다고 부르는 거야. 아니, 내가 집에 있으니까 맨날 시간이 펑펑 남아도는 줄 아나 봐!"

"아니, 근데 자기들 그 이야기 들었어? 이번에 애들 학교에서 글쎄 인우가 전교 회장이 됐다더라. 인우 엄마 치맛바람이 장난 아닌가 봐! 대박 아니야?"

매일 10시면 이 커피숍은 시월드 이야기, 자식 이야기들로 꽉 채워진다. 대부분은 신세 한탄이나 남 뒷담화가 주를 이룬다. 이야기를 들어주는 사람들이 "어머! 어머!"를 연발하며 적당한 추임새를 넣으면 한풀이 드립력은 훨씬 현란해진다. 먹고 마시고 신세 한탄 배틀을 붙다 보니 오늘 오전 시간도 쏜살같이 지나간다.

우리는 생각과 감정을 '언어'라는 형태로 세상에 내놓는다. 언어는 참 다양하다. 나라별로 다를 수 있고 지역별로 다를 수 있지만 여기서는 조금 다른 기준으로 언어를 구분하려고 한다. 바로 '돈 되는 언어'와 '돈 안 되는 언어'다.

커피숍에서 오갔던 대화들이 바로 '돈 안 되는 언어'의 대표적인 예가 될 수 있다. 돈이 안 되는 언어들의 가장 큰 특징은 바로 어떠한 문제도 해결해주지 않는다는 데 있다. 때로는 신세 한탄도 하고 서로 공감도 해주며 힘을 내며 살아가는 게 사람 냄새 나는 삶이라고 반론을 제기할 수도 있을 것이다. 충분히 공감한다. 나 또한 처음에는 그렇게 생각했다.

당신의 언어는 안녕하신가요?

비즈니스 현장에는 고수들이 참 많다. 고수들은 말이 다르다. 물론 행동도 다르겠지만 행동의 패턴을 이해하는 데는 시간이 필요하기 때문에 한 번의 만남으로는 파악하기 힘들다. 말은 다르다. 내가 만난 비즈니스 고수들의 언어는 달랐다. 그들이 쓰는 언어는 대체적으로 깔끔하고 군더더기가 없다. 처음에 비즈니스 센스가 없는 상태에서는 고수가 내뱉는 말에 내포된 의미를 파악하기 쉽지 않았다. 그러나 비즈니스의 경력이 쌓이고 관심사가 사업으로 옮겨가니 그들이 무심코 던지는 키워드 하나가 내게 맛집의 특급 비밀 소스가 된다. 결국 이들의 언어에 바로 돈으로 연결될 수 있는 핵심이 있다는 사실을 알게 되면 더 이상 말은 그냥 말이 아니게 된다.

3년 전 비즈니스 코칭을 받기 위해 찾아온 40대 여성이 있었다. 거리가 있다 보니 주로 전화로 소통을 하게 되었다. 처음에는 코칭을 위해 여러 가지 질문을 던졌다. 그런데 상대는 질문에 대해 대부분 신세 한탄하는 내용으로 답했다. 10분, 20분, 30분 ……. 누군가가 내 말을 경청해준다는 생각에 흥이 났는지 끝이 없었다. 주제도 다양했다. A라는 주제로 시작해서 A와 아무 연관이 없는 B, C, D라는 주제를 현란하게 넘나들며 결론도 안 나는 이야기를 늘어놓았다. 그러다 갑자기 너무 혼자만 이야기한 게 눈치가 보였는지 "제가 너무 말이 많죠?"라고 급마무리를 지었다. 원맨쇼가 따로 없었다.

나는 "괜찮아요"라고 말하고는 통화를 하면서 한 가지 확실하게 각인된 데이터를 메모했다. '비즈니스 센스 없음.' 그리고 어디서부터 코칭을 시작해야 하는지 우선순위를 정했다. 우선순위 1번은 바로 '돈 안 되는 언어가 무엇인지 인지시키는 것'이 되었다.

내가 이렇게 메모를 한 것은 비즈니스 현장에서 내가 쓰는 말의 대부분이 돈과 연결되지 않는 언어가 되면 상대방은 나와의 거래를 꺼리게 되기 때문이다. 일상생활에서 생각 없이 하는 말과 비즈니스 현장에서 매출과 연결되는 말들은 다르다. 비즈니스를 하는 언어에는 약간의 긴장감이 들어가야 한다. 같은 말이라도 "내일 만날까요?"보다는 "내일 저는 오전 11시에 스케줄이 괜찮은데 대표님은 어떠세요?"라고 한다면, 상대방에게 시간을 허투루 쓰지 않는 프로의 이미지를 심어줄 수 있을 것이다. 혹은 "대표님! 가게가 참 예쁘네요!"라는 말보다는 "대표님! 가게 인테리어를 요즘 트렌드에 맞게 세련되게 하셨네요! 센스 있으세요. 요즘 고객들은 가게 분위기도 따진다고 하던데 고객님들이 좋아하시겠어요!"라고 말한다면 '이 사람은 말하는 게 뭔가 다른데?'라고 느낄 것이다. 비즈니스를 하는 사람들은 직감적으로 이런 사람이 사업을 잘하겠다는 생각을 한다. 그런 이미지를 심어주면 거래가 성사될 확률이 높아지게 된다. 이처럼 내가 쓰는 언어로 인해 매출이 올라갈 수 있는 가능성을 높일 수도 있다.

매출과 연결되는 돈 되는 언어를 쓰는 습관을 들이기 위해서는 평소 자신의 언어를 수시로 체크하는 방법을 시도하면 좋다. 가능하다면 자신이 평소에 하는 말을 녹음해서 들어보는 것을 추천한다. 스마트폰의 편리한 녹음 기능을 이럴 때 200% 활용해보자. 실제 나는 콜드콜에 도전하거나 고객과 소통하는 팀원들에게 녹음해서 본인의 이야기를 들어보라고 한다. 불편하고 어색하더라도 자신이 평소에 쓰는 단어, 말버릇, 뉘앙스, 톤을 있는 그대로 느껴

봐야 내 문제점을 정확하게 파악할 수 있기 때문이다. 그리고 내 말이 충분히 돈과 연결되는 섹시한 단어들의 조합인지 아니면 중요한 거래나 잠재 고객을 놓치게 하는 돈 안 되는 언어인지 비교하고 분석해봐야 한다. 혹시 후자의 경우라 해도 걱정할 것은 없다. 내가 부족한 부분을 쿨하게 인정하고 넣을 것은 넣고 뺄 것은 빼면 되니까. 타이밍이 중요하므로 더 늦기 전에 당신의 언어가 '지금 안녕한지' 하루 빨리 체크해보자.

돈 되는 언어가 결국 돈을 불러온다

사람들이 비즈니스를 하는 궁극적인 목적은 돈일 것이다. 그렇기 때문에 돈이라는 '종이'에만 오로지 집중하는 우를 범할 확률이 높다. 나 또한 돈만 열심히 쫓아본 경험이 있다. 결과는 뻔했다. 돈 버는 것만이 목적이 되었을 때 돈과의 연결고리가 자꾸 끊어졌다. 무엇이 문제일지 고민한 결과 결국 내가 평소 고객들에게 쓰는 말이 원인이 되는 경우가 많았다는 사실을 깨닫게 되었다. 생각 없이 던진 말 한마디가 고객의 기분을 상하게 만들어 결국 고객이 나와 거래하고 싶지 않게 되었다는 사실을 알아챘을 때는 이미 고객은 떠난 뒤였다. 그때부터 나는 내 언어에 신경을 쓰기로 다짐했다. 말 한마디가 천 냥 빚을 갚기도 하지만 평생 고객을 놓칠 수도 있다는 사실을 알게 되었으니까.

돈 되는 언어를 쓰는 습관을 들이는 데 애쓰기 시작하자 돈 안 되는 언어를 쓰는 사람들이 보이기 시작했다. 그러다 보니 비즈니스 현장에서 평소 말하는 습관 때문에 고객을 잃거나 신뢰를 잃는 경우가 생각보다 많다는 사실을 알게 되었다.

3년 전쯤 일이다. 콜드콜로 만난 피부 관리숍의 원장이 있었다. 내가 숍에 들를 일이 있어서 가게 되면 항상 나에게 고객의 험담을 늘어놓았다. 그러던 어느 날이었다. 방금 전까지 관리를 받고 있었던 고객이 숍을 나가자마자 "어머! 요즘 관리 받고 너무 얼굴이 예뻐지셨어!"라고 하던 좀 전까지의 하이톤을 내가 들은 게 맞나 싶을 정도로 태도가 180도로 바뀌어서 그 고객의 험담을 늘어놓기 시작했다. 그야말로 '고객님'이 '호갱님(입으로는 고객님이라고 친절하게 굴지만 실제로 고객을 우습게 보는 것을 비꼬는 말)'이 되는 순간이었다. 물론 그 고객이 진상 고객일 수도 있었겠지만, 고객을 '호갱이'로 보는 태도가 몸에 배어 있다는 것을 아는 데는 그리 오랜 시간이 걸리지 않았다. 나는 이 원장과의 거래를 과감히 끊었다. 자신의 언어가 자신의 이미지를 상대방에게 어떻게 각인시킬지 '1도' 고민하지 않은 흔적이 역력한 사람과 거래하면 좋은 결과가 나오지 않는다는 사실을 이미 알았기 때문이다. 그리고 돈 안 되는 언어를 습관적으로 쓰는 사람은 언젠가 신뢰를 깰 사람일 확률도 높다.

돈과 가까워지고 싶다면, 돈과 연결되는 말이 바로 '돈 되는 언어'임을 다시 한번 각인할 필요가 있다. 돈이 되는 언어를 평소에 쓰고 있는지 확인하기 위해서는 내 시간을 어디서 어떻게 쓰고 있는지 살펴봐야 한다. 의미 없는 말이 오가는 술자리가 잦지는 않은지, 결론도 안 나는 비생산적인 말들이 난무하는 통화를 매일 하고 있지는 않은지 냉정한 태도로 체크해봐야 한다. 거래가 성사되지 않았거나 고객이 떠난 이유가 어쩌면 아무 생각 없이 내뱉은 나의 언어 때문일 수도 있기 때문이다.

돈이 되는 언어라고 하면 단순히 '돈과 연관된 말'이라고 생각할 수 있다. 그러나 '돈 되는 언어'의 진짜 의미는 내가 내뱉는 말이 결국 나를 만든다는 것을 깨닫고 평소 언어습관과 언어습관을 통해 형성된 나의 태도를 점검하는 것이 책임감 있는 공급자가 반드시 갖춰야 할 덕목임을 아는 것이다. 나를 선택해준 고마운 고객을 책임질 줄 아는 공급자는 아무 단어나 선택하지 않는다. 그들은 자신이 선택한 언어가 결국 자기 자신과 자신의 비즈니스를 더욱 성장시키는 초석이 된다는 사실을 너무나 잘 알고 있기 때문이다.

제대로 된 공급자가 되기 위해서는 반드시 돈 되는 언어를 쓰기 위해 노력해야 한다. 단순히 '돈을 많이 벌고 싶다'라는 욕심만으로 가득 찬 마음을 과감히 비워내고 고객의 마음을 열고 신뢰를 쌓는 데 도움이 되는 언어를 골라내자. 책임 있는 말, 상대방의 자존감을 높여주는 말, 다시 곱씹을수록 미소가 지어지는 말, 그래서 거래를 하고 싶게 만드는 말, 그런 말들을 적극적으로 찾아보자. 내가 돈을 좇는 게 아니라 돈이 나를 따라오게끔 만들어보자. 돈 되는 언어가 결국 돈을 불러온다는 사실을 잊지 말기 바란다.

유연성을 길러라

대쪽 같은 김 사장

요즘 MBTI 성격유형검사가 유행처럼 번지고 있다. 인터넷에는 MBTI 검사 결과로 남녀간 궁합을 보는 방법, 회사동료 및 팀원의 MBTI 유형별 특이사항, MBTI 유형별 금지하면 미치는 것 등 이 검사가 단순한 성격검사의 목적을 넘어 밋밋한 일상에 쏠쏠한 재미를 주는 개그로 승화되고 있다. 사람들이 총 16개의 유형으로 나뉘는데, 성별, 지역, 나이 등 추가적인 사항을 고려한다면 정말 같은 사람이지만 참 다양한 사람들이 모여 살고 있다는 생각이 든다. 짬을 내어 결과를 보니 나는 ENFJ(정의로운 사회운동가)유형이다. 이 유형은 인구의 약 2%에 해당하는 '카리스마와 충만한 열정을 지닌 타고난 리더형'이란다. 어느 정도 맞아떨어지는 것 같아 수긍이 간다.

몇 년 전 우연히 해봤던 한국형 기질검사가 생각

난다. 사람의 기질을 대나무, 매화, 국화, 난초 4군자로 나누는데, 나는 외향대나무라는 기질이 있다는 결과가 나왔다. 외향대나무 기질의 대표적인 특징은 새로운 일, 새로운 활동, 새로운 절차를 찾으며 더 나은 세상을 만들기 위해 주변 세계를 변화시키려는 강한 열망이 있다는 것이다. 결과지를 보고 일단 기분이 좋았다. 뭔가 진취적이고 열정 넘치는 느낌이 들어 마음에 들었다.

결과지를 보며 만족해하고 있던 찰나 다음 장에 적힌 글들이 '지금부터 안 좋은 이야기만 주야장천 나올 텐데 괜찮으시겠어요?'라는 멘트를 던지는 개그맨 권혁수가 되어 내 눈앞에 나타났다. '지나친 낙관주의', '딜레마', '공격적', '칭찬에 인색', '다른 사람의 정서를 희생시킴', '경청하지 않음' 등 이 밖에도 다양한 팩트폭력이 줄기차게 이어졌다. '아, 그래서 내가 대나무인가?' 싶었다. 부러졌으면 부러졌지 절대 휘어지지 않는 대나무.

물론 결과지가 100% 나를 대변하는 것은 아니지만 어느 정도 수긍이 갔다. 사업 초반에는 나의 부족한 유연성 때문에 많은 고객을 놓치기도 했으니까. 항상 일할 때는 완벽함을 추구하다 보니 돌발 상황이라든지 예상치 못한 고객들의 반응에 유연하게 대처하지 못하고 항상 '맞는 말'만 늘어놓은 내가 고객에게는 이른바 '비호감' 캐릭터였던 것이었다. 물론 지금은 여러 가지 풍파를 겪으면서 제법 휘어지는 법을 알게 되었지만, 그때는 유연성 제로의 뻣뻣한 내 성격이 많은 것들을 놓치게 만드는 원인이었음은 틀림없다.

기름칠 좀 해드릴까요?

사업을 하다 보면 머리로 절대 이해가 안 되는 순간들이 있다. 논리적으로 이해되지 않는 일. 거래라는 것은 필요한 제품과 서비스를 받기 위해서 내가 가진 돈을 내면 깔끔하게 끝날 수 있는 일이라고 생각하지만, 사실 그것은 거래의 결과일 뿐이다. 진짜 거래가 이루어지기 위해서는 거래가 이루어지기 직전까지 발생하는 다양한 경우의 수의 덧셈, 뺄셈, 곱셈, 나눗셈이라는 과정이 필요하다. 그러다 보니 사업 초짜들은 갖가지 삽질과 함께 다 된 밥에 코를 빠뜨리는 일을 스스로 만들기도 한다. 실수를 만회하기 위해 책을 찾아보고 난다 긴다 하는 비즈니스 전문가의 유튜브 채널을 보며 문제를 해결하려고 애쓰지만 이 또한 헛다리 짚는 격이 될 수 있다. 사업은 감정선을 타는 사람을 대상으로 이루어지는 게임이기 때문이다.

1년 전쯤에 야무진 목소리의 여자 분이 나에게 비즈니스 코칭을 받고 싶다고 연락이 왔다. 영어학원을 운영하는 40대 여자분이었는데 보낸 카톡 메시지만 봐도 '나는 매우 이성적인 사람입니다. 기승전결에 맞춰 질문했으니 거기에 맞는 형식으로 답을 해주세요'라는 뉘앙스가 강하게 풍겼다(물론 그렇게 말하지는 않았다는 것을 유연성이 있는 사람들을 안다고 믿는다).

고객과의 신뢰가 없는 상태에서는 우선 상대방의 경계심을 푸는 데 집중해야 겉돌지 않는 대화를 할 수 있다. 카톡 말고 전화로 하는 게 어떻겠냐고 제안을 했다. 전화기 너머로 들리는 목소리도 깔끔하고 정교했다. 그녀는 여러 질문을 하며 꼼꼼하게 내 대답에서 나름 키워드를 찾으려고 애쓰는 게 느껴졌다. 왠지 애매한 답을 해주면 안 될 것 같아 최대한 고객의 눈높이에 맞춰 똑소리 나는 설명으로 대답했다. 그것과는 별개로 메모지에 그녀의 이름과 특징, 앞으로 코칭 포인트를 잡아 적었다. '기름칠이 필요함.'

비즈니스 코칭을 위한 통화를 할 때마다 나는 그녀의 질문에 답을 하는 대신 엉뚱한 질문으로 되받아쳤다. 예를 들어, "대표님! 이 고객에게 상품 설명을 어떻게 하면 고객이 쉽게 이해할까요?"라고 물으면 나는 "사장님! 오늘 점심 뭐 드셨어요? 맛있는 거 드셨어요?"라고 응수한다. 동문서답을 하는 내가 잠시 이해가 안 되는지 "네? 점심요?"라고 되묻는다. "네. 점심요. 식사는 하고 다니시죠? 날도 추운데 따뜻한 것 좀 마시고 미팅하세요. 그래야 마음에 여유가 생겨서 고객님과 소통도 잘될 것 같아요. 미팅 갈 때 따뜻한 커피 한잔 사들고 가시는 게 어때요?"

내가 이런 대답을 한 이유는 바로 이 여자 원장에게 필요한 것은 '정답'이 아니라 '동문서답'도 할 줄 아는 여유와 유연성이기 때문이다. 차갑고 냉랭한 기운이 도는 겨울왕국 엘사에게는 사실 고객은 마음의 문을 잘 열지 않는다. 나그네의 옷을 벗기는 것은 결국 '바람'이 아니라 '해'이듯 결국 고객은 다소 부족해도 인간미 넘치는 모습에 마음의 문을 열기 때문이다.

1년이 지난 지금 그녀와 전화 통화를 하면 이제는 그녀가 먼저 나에게 "대표님! 식사는 하고 일하세요?"라고 묻는다. 꾸준한 소통을 하면서 그녀에게 기름칠을 좀 해줬더니 학생들뿐만 아니라 학부모와의 소통 스킬이 향상되어서 매출도 크게 올랐다고 싱글벙글한다. 사업에서 유연한 태도가 중요하다는 것을 다시 한번 그녀를 통해 확인하게 된다.

유연성을 길러야 하는 이유

사업을 하면서 나는 참 많이 변한 것 같다. 무슨 일이든 원리 원칙대로 곧이곧대로 생각하고 일을 진행했던 모습을 이제 나에게서는 찾을 수 없다. 비즈니스 현장은 일의 옳고 그름을 따지고 책임을 묻는 법원이 아닌 것을 알기 때문이다. 때로는 말도 안 되는 사건이 생기기도 하고 이성적으로는 이해가 안 되는 결론이 도출되어 배가 산으로 가는 경우도 생기기 때문이다. 그것뿐이 아니다. 아무리 멋진 제품과 서비스를 고객 앞에 대령했다 하더라도 바빠서 그만 고객의 카톡에 제때 답을 못해줬던 것 때문에 거래가 끝나기도 하는 등의 말도 안 되는 상황이 벌어질 수도 있다는 사실도 이제는 충분히 경험해봐서 잘 알고 있기 때문이다.

얼마 전 자식들이 모두 출가하고 어머니, 아버지만 남은 고향집의 인터넷 요금에 불필요한 서비스가 포함되어 있어서 부모님이 쓸데없이 비싼 요금을 지불하고 있었다는 사실을 알게 되었다. 연세가 있으셔서 뭔가 뭔지도 모르시고 청구서에 적힌 금액만큼 순진하게 내고 계셨다는 생각을 하니 열이 받았다. 고객센터에 전화해서 차분하지만 매우 날카로운 태도로 따지기 시작했다. 그런데 "죄송합니다, 고객님. 원칙상……" 하며 매뉴얼대로 대답하는 고객센터 직원의 태도에 더 열이 받기 시작했다. 화가 나서 이렇게 물었다. "하나만 물어봅시다. 우리 엄마가 지금 전화받으시는 분의 엄마라면 기분이 어떻겠어요? 화가 나지 않겠어요?"

어찌어찌해서 통화는 끝났지만 만약 이 직원이 이렇게 말했다면 어땠을까? "고객님! 정말 죄송합니다. 저라도 자식 된 입장에서 화가 많이 났을 것 같아요. 속상하시죠? 저도 같은 자식 된 입장에서 고객님 마음이 충분히 이해되지만 회사 규정을 따라야 하는 제 입장상 고객님이 원하시는 방향대로 다 도와드릴 수 없어서 마음이 정말 불편합니다." 아마 그렇게 말했다면 개인적으로 번호를 따서 내 직원으로 리쿠르팅을 하고도 남았을 것이다.

비즈니스는 늘 문제를 해결하는 일이다. 사람을 상대로 하는 일이다 보니 머리로만 문제를 해결할 수는 없다. 그렇기 때문에 멋진 사업가는 유연성이라는 무기를 항상 가지고 있다. 언제 어디서든 필요할 때 요긴하게 쓸 수 있는 맥가이버 칼처럼 말이다. 비즈니스를 한 해 두 해 하다 보면 원칙과 룰이 깨지고 매뉴얼도 먹히지 않는 혼란한 상황에서 항상 나를 지켜주는 것이 바로 이 유연성이라는 것을 깨닫게 될 순간이 온다. 항상 뻣뻣한 내 태도에 기름칠을 조금씩 해둬야 한다. 그렇게 해야 어떤 위기 상황 속에서도 당황하지 않고 갈대처럼 휘는 기술을 선보이며 멋지게 승리할 수 있다.

3장

C o n n e c t i n g

무한대 인맥을 만드는 '콜드콜 기술'

답은 연결에 있다

줄을 서시오!

'줄을 잘 서야 한다.' 사회생활백서에 나올 만한 명언이다. 직장에서는 물론이고 마트 계산대도 줄도 잘못 서면 나보다 한참 뒤에 있던 옆줄 아저씨가 먼저 계산대를 빠져나가는 불상사가 발생한다. 시대가 바뀌었다고는 하지만 혈연, 학연, 지연의 삼종세트도 아직까지는 '줄' 옵션에 빠지지 않는 단골손님이다. 어쨌거나 우리는 줄에 연연한다. 썩은 동아줄인 줄 모르고 줄을 잘못 잡았다가는 안 좋은 사람과 엮이거나 불리한 상황에 놓일 수도 있기 때문이다. 그래서 우리는 항상 좋은 사람들과 잘 연결되길 바란다.

비즈니스 세계에서는 연결이 곧 생명이다. 기업 간 연결은 말할 것도 없고, 어떤 인재가 기업과 연결되느냐에 따라 때로는 죽어가는 기업의 불씨도 살릴 수 있을 만큼 연결은 중요한 이슈다. 애플 창업자 중

1인인 스티브 잡스는 항상 좋은 연결을 찾아 헤매는 하이에나 같았다. 마음에 드는 먹잇감을 찾으면 오랜 시간 함께 산책을 하면서 현란한 말솜씨로 그들을 구워삶아 자신의 프로젝트와 연결시켰다.

요즘 유명 유튜버들은 영상 주제와 관련된 전문가나 인지도 있는 다른 유튜버를 초대해서 콘텐츠의 퀄리티를 높이는 데 집중한다. 사회적으로 신뢰할 만할 사람들을 자신과 연결시키면 말에 더욱 힘이 실리기 때문이다. 연예인보다 유튜브나 인스타그램 등 소셜미디어를 장악하고 있는 파워 인플루언서들의 영향력이 더 커진 것도 이전과는 크게 달라진 변화다. 요즘은 어느 방송, 어느 신문사와 인터뷰했다는 말보다 어느 유튜버 채널에 출연했다는 소식이 훨씬 무게감을 갖는다. 이처럼 비즈니스에서 사람과 사람의 연결은 매우 중요하며, 또 그 연결의 방식과 매체도 매우 다양해졌다. 따라서 '줄을 잘 잡고' '줄을 잘 서는' 문제가 매우 중요하게 다뤄야 할 사안임을 명심할 필요가 있다.

현자 타임, 도전 타임

8년 전 비즈니스를 처음 시작하면서 뼈저리게 느낀 것은 '내 주변에 사람이 참 없구나'였다. 씁쓸하지만 경단녀로 살아온 세월 때문에 '인맥 거지'라는 불편한 진실이 적나라하게 드러났다. 그야말로 '현자 타임(현실자각 타임)'의 순간이었다.

인맥이 없으면 찾으면 된다고 생각했다. 앞뒤 없는 무대포 정신이 있다면 이럴 때 좀 유리하다. 사실 인맥이 없는 게 문제가 아니라 인맥이 없다고 포기하는 게 문제라고 생각했기 때문에 망설임 없이 길을 나섰다. '세상천지 널린 게 사람인데 설마 나랑 연결될 사람이 없을까?', '안 되면 말고!' 하는 마음으로 겁도 없이 길거리에 보이는 가게 문을 두드리고 다니면서 고객을 직접 찾아나섰다. 이렇게 나의 콜드 콘택트 대장정이 시작된 것이다.

나는 비즈니스 센스가 있는 자영업자를 먼저 타깃으로 삼았다. 사업에 경험이 없는 순진한 소비자들보다 고객을 다뤄본 경험도 있고 사업 실패도 좀 해본 '선수'와 비즈니스를 하는 게 맞다고 판단했기 때문이다. 말하자면 경력직을 뽑으러 다닌 것이다. 떡 줄 사람은 생각도 안 하는데 말이다.

어느 날 우연히 길을 가다가 조그만 아기 옷집을 발견했다. 인테리어도 색다르고 디스플레이된 옷들을 보니 가게 주인이 센스가 있는 사람이라는 느낌이 들었다. 주인의 얼굴을 한번 보고 싶어 문을 열고 들어갔다.

"어서 오세요!"

귀여운 아기 옷들만큼이나 여리여리하고 왜소한 체격의 사장님이 보였다. 얼굴깨나 두껍다고 자부하는 편이지만 콜드 콘택트의 처음은 힘들다. 나도 사람이니까.

"가게 시작하신 지 얼마 되지 않으셨나 봐요? 제가 가끔 여기 지나다니는데 처음 보는 가게라 호기심에 한번 들어와봤어요." 적절한 멘트를 한 것 같아 마음속으로 흡족해했다. 가게 옷을 구경하는 척하면서 정작 내 눈은 여기저기를 스캔하느라 바빴다. 양다리, 세 다리 걸치는 바람둥이들은 어떻게 그 일을 가능하게 할까? 참 대단하다는 생각이 드는 것도 잠시, 힐끗 보니 한쪽 구석에 검정색 유아 킥보드가 보였다. '흠, 서너 살 정도 되는 아들이 있는 것 같군.' 나는 갑자기 셜록 홈즈가 되었다.

28번의 용기 있는 고백

아기 옷이랑은 크게 상관이 없는 질문을 자꾸 던지니 이내 내가 순수한 마음으로 접근한 게 아니라는 것을 직감했는지 방금 전까지만 해도 코스모스 같았던 사장님의 말이 장미 가시처럼 뾰족해졌다. "어떤 거 찾으시는 거예요?" 콜드 콘택트를 여러 번 시도해본 경험으로 미뤄봤을 때 이 말은 '옷 사러 온 거 아니면 나가주세요'라는 뜻이라는 것을 나는 잘 알았다.

'가게 이름, 콘셉트, 고객 응대하는 태도 등을 종합적으로 판단했을 때 일단 합격이다!' 내 마음은 이렇게 외쳤다. '그래, 당신과 거래하겠어!' 독단적으로 결정하고 다음 계획을 세웠다.

그날 이후 나는 거의 매일 한 번씩 그 가게를 찾아갔다. 일단 얼굴을 텄으니 이제 더 이상 '콜드'가 아닌 것이 확실하니까. 이제 내 인맥이니까. 씩씩하고 당당하게 그녀를 만나러 갔다. 처음에는 특별한 용건도 없이 찾아오는 나를 불편한 기색으로 쳐다보기 일쑤였고 내가 묻는 질문에 영혼 없이 답하는 경우가 대부분이었다. 그러던 어느 날 나의 프로포즈에 매번 퇴짜를 주던 그녀가 두 손 두 발 다 들었다는 듯이 "그 비즈니스 어떤 건데요?"라고 물었다. 매우 진지한 태도였다. 그날은 내가 딱 28번째 방문한 날이었다. 아직도 그 가게를 통해 연결된 고객들은 내 탄탄한 수입원이 되고 있다.

'인맥 거지'가 '인맥 부자'가 되기 위해 필요했던 것은 바로 용기와 배짱이었다. 사업의 끝과 시작이 고객이라면 28번이든 280번이든 반드시 찾아가서 고객과 나를 연결시켜야 한다. 용기 있는 자가 결국 미인도 차지하고 미남도 차지하는 법이니까.

스마트하게 연결하라!

사업가는 절대 시간을 허투루 쓰지 않는다. 그들에게 시간은 진짜 돈이기 때문이다. 사업가에게 가장 중요한 시간은 잠재 고객과 만날 때다. 그들이 사업설명회, 박람회, 컨벤션 같은 이벤트에 금쪽같은 시간을 투자하는 이유도 결국 잠재 고객이나 거래처를 찾기 위한 것이다. 비즈니스 센스가 있는 사람들은 좋은 인맥과 연결되는 자리가 있다면 그 가치를 알아보고 기를 쓰고 참석한다.

자, 이제 대단한 사업가들을 향해 고개를 치켜들고 있던 머리를 숙여 인맥이라고는 친한 친구, 옆집 아줌마, 남의 편인 남편, 잔소리꾼 마누라가 고작인 '나'를 보자. 사업을 해보겠다는 의지만으로 '스마트한 계획 없이' 스마트 스토어에 입점하고 정말 '스타트'만 한 스타트업이 있다면 묻고 싶다. 당신은 고객과 거래처를 어디서 어떻게 찾을 것인가? 고객에게 어떻게 다가갈 것인가? 당신의 고객은 도대체 어디 있는가?

롤스로이스, 최신 아이폰도 사용할 고객이 없으면 한낱 고철과 다를 바가 없다. 그 가치를 알아봐주고 애정을 주는 고객이 상품과 서비스의 가치를 재정의해주기 때문이다. 우리는 고객이 필요하다. 내 상품과 서비스를 즐겁게 소비해줄 고객이 필요하다. 고객을 발굴하는 데 당신의 소중한 시간과 에너지를 쏟아야 한다. 고객과 나 사이를 연결해줄 튼튼한 다리를 만들어야 한다.

가끔 나에게 인맥 자랑질을 하는 사람이 있다. 그러면 꼭 이렇게 대답해준다. "천 명 정도 돼요?" 내가 이렇게 세게 나가는 이유는 나에게는 무한대 인맥을 창출할 수 있는 기술이 있기 때문이다. 바로 콜드콜 기술이다. 일면식도 없는 사람들을 내 인맥으로 만들어가는 것. 스마트폰 하나만 있으면 가능하다. 아! 물론 매몰찬 거절을 받아낼 용기와 배짱도 같이! '아! 텔레마케팅이구나!'라고 아주 잠깐이라도 넘겨짚었다면 이번 한 번만 너그러이 용서해주겠다. 잘 모르면 그럴 수 있다고 생각한다.

콜드콜로 돌격!

4년 전 우연히 알게 된 사람을 통해 진짜 콜드콜이 무엇인지 보여주는 괴물이 있다는 정보를 얻게 되었다. 그 괴물은 바로 그랜트 카돈(Grant Cardone)이라는 사람이다. 《10배의 법칙》(정균승 옮김, 티핑

포인트, 2016)의 저자인 그는 국제적인 명성을 가진 세일즈 훈련 전문가다. 수천만 원의 거래를 콜드콜로만 클로징을 하는 유튜브 영상을 쉽게 찾아볼 수 있다.

전화로 새로운 인맥을 만들어간다는 것이 누군가에게는 엄두가 나지 않는 일일 수도 있겠지만 콜드콜은 이미 3년간 혹독하게 '콜드 콘택트 근육'을 키운 나에게는 크게 부담 없는 무게의 덤벨이었다. 콜드콜로 인맥을 만들어나가면서 나중에는 그랜트 카돈이 운영하는 온라인 세일즈대학 '카돈유(Cardone University)'라는 프로그램을 수강도 해봤지만 그랜트 카돈의 콜드콜은 2% 부족한 게 있었다. 바로 미국이라는 서양 문화에 맞춰진 콜드콜 멘트가 한국 자영업자에게는 문화적인 차이 때문에 먹히지 않는 경우가 많다는 사실이었다. 그래서 나만의 콜드콜 스크립트와 멘트를 만들었다. 수정과 적용을 거듭한 결과 지금 내 콜드콜 성공률은 거의 99%다. 그냥 아무 생각 없이 끊어버리는 전화 빼고는 연결이 모두 가능하다는 이야기다.

인맥 없는 사업가에게는 무한대 인맥을 만들어가는 기술은 생명줄이나 마찬가지다. 무한대 인맥을 만드는 기술, 콜드콜 기술은 인맥이 없어 낭떠러지 앞에 서 있는 당신을 구해줄 유일한 흑기사다. 인맥 거지에서 인맥 부자로 진짜 '업글 인간'이 될 마음의 준비가 되었는가? 자, 무한대 인맥을 찾아서 앞으로 돌격하자!

콜드콜의 엄청난 3가지 혜택

시간을 엄청나게 절약한다!

무작정 모르는 사람에게 전화를 걸어 사업이나 미팅을 제안하는 '콜드콜'은 오케이를 받기까지의 장벽이 높다는 단점은 있지만, 사업 초창기에 자신의 고객을 스스로 확보할 수 있다는 점에서는 가장 기본이 되는 방법이기도 하다. 콜드콜은 성공하기 힘들지만 그 자체로 사업가들에게는 엄청난 혜택을 가져다준다. 여기서는 가장 대표적인 3가지 혜택을 소개하겠다.

가장 눈에 띄는 콜드콜의 첫 번째 혜택은 시간과 돈을 벌게 해준다는 점이다. '가성비'는 '가격 대비 성능'이라는 뜻이다. 검색창에 가성비를 치면 관련어가 쏟아진다. 가성비 노트북, 가성비 호텔, 가성비 스테이크 등 쉽게 말해 가성비는 지불한 돈에 비해 더 가치 있는 것을 얻기 원하는 마음이다. 비용은 줄이는 반면 효용을 높이고 싶은 것이 경제 활동을 하는 모든 사람이 원하는 것이다. '싸게 잘 샀다' 혹은 '돈 준 값을 한다', '돈이 하나도 아깝지 않다' 등의 말에 담긴 뜻은 곧 '돈을 현명하게 썼다'라는 의미다.

돈만큼 우리가 잘 쓰고 싶어 하는 것이 있다. 바로 '시간'이다. 좋은 사람들과 시간을 보내길 원하고, 가치 있는 일을 하는 데 시간을 투자하길 바란다. 사실 돈을 버는 것도 결국 시간을 벌기 위함이다. 경제적 자유를 꿈꾸는 이유는 결국 시간의 자유를 얻기 위한 것이니까. 이런 의미에서 콜드콜은 시간을 벌어주는 큰 도구다. 콜드콜은 당신의 잠재 고객을 가장 단시간에 많이 만날 수 있도록 해준다. 마음만 먹으면 하루에 100명의 잠재 고객과도 만날 수 있다. 만약 100명 중에 10명이라도 내 고객이 된다면 시간투자 대비 수익률(ROI: Return On Investment)이 10%라는 말이 된다.

만약 이 속도로 콜드콜 양을 지속한다면 일주일이면 700명, 한 달이면 거의 3,000명의 고객에게 콘택트할 수 있다는 결론이 난다. 그리고 ROI가 10%라고 가정했을 때 일주일이면 70명, 한 달이면 300명의 새로운 고객이 생길 수 있다. ROI가 1%만 된다 해도 한 달이면 30명의 신규 고객을 창출할 수 있다는 것이다. 이뿐만 아니다. 콜드콜은 통장에서 돈이 최대한 덜 빠져나갈 수 있게 해준다. 콜드콜로 고객을 찾는 데는 전화기만 있으면 되기 때문에 한 달에 통신 요금 외에 들어가는 돈이 없다고 보면 된다. 보통 고객을 유치하기 위해 광고나 마케팅에 많은 돈을 쓴다. 자영업자의 경우 한 달에 1,000만 원 이상을 광고나 마케팅에 투자하는 곳이 허다하다. 안타까운 점은 돈을 투자한 만큼 고객과 연결되지 못하는 경우가 많다는 것이다. 그러나 콜드콜로 고객을 연결하게 되면 이야기가 완전히 달라진다. 나는 2019년부터 시작한 콜드콜로 1년 안에 매출을 3배 정도 올렸다. 만약 콜드콜로 사업을 진행하지 않았다면 결코 만들어내지 못했을 결과다. 고객은 사업의 생존 유무를 결정하는 존재다. 따라서 무한대 고객을 확보할 수 있는 콜드콜 기술을 마스터해서 하루빨리 시간과 돈을 벌어야 한다.

거절 데이터를 공짜로 챙길 수 있다

콜드콜이 가져다주는 두 번째 혜택은 거절 처리 능력을 향상시켜준다는 것이다. 사업은 무에서 유를 창출하는 일이며, 고객의 No를 Yes로 만들어가는 여정이다. 한 번의 프레젠테이션과 사업 제안에 곧바로 'Yes'라고 말할 고객은 없다. 무조건 한 번은 튕기고 본다. 튕기려고 튕기는 게 아니라 자신이 올바른 선택을 하고 있는지 확신이 서지 않기 때문에 일단 거절하고 보는 게 소비자의 본능이다. 거절을 받는 게 당연한 과정이라고 여기고 비즈니스를 진행하기 위해서는 거절을 처리하는 능력을 키우는 데 집중해야 한다. 만약 거절 처리 능력이 향상되면 고객의 No가 Yes로 바뀌게 되므로 당연히 당신의 매출이 올라가게 된다.

콜드콜은 짧은 기간 안에 거절 처리 기술을 높일 수 있는 강력한 도구다. 하루에 100콜을 하게 되면 100번 거절을 받게 되고

100개의 거절 데이터가 생기는 것이다. 다행히도 사람은 달라도 거절의 패턴을 비슷하다는 것을 몇 번의 콜만 해봐도 금방 알 수 있다. "지피지기이면 백전백승"이라는 말은 여기에 정말 딱 들어맞는 이야기다. 콜 수가 많아질수록 고객의 거절 패턴을 예측하게 되어 콜드콜의 승률이 높아진다.

콜드콜을 경험해보기 위해 실제 바이럴 마케팅 회사에서 2주 정도 무보수로 일한 적이 있다. 하루에 150~200콜을 돌려서 오프라인 미팅을 잡는 일이었는데, 모르는 누군가에게 비즈니스로 연결하기 위한 콜을 한다는 것은 정말 두려운 일이었다. 정확히 말하면 그들의 거절이 두려웠던 것이다. 처음 콜드콜의 매몰찬 거절을 받았을 때가 생생하다. 뺨을 맞은 것 같은 얼떨떨한 기분이 들었다. 가슴이 쿵쾅거리고 손이 떨렸다. 기분이 좋지 않았다. '내가 왜 이런 거절을 받아야 하지?'라는 생각이 들면서 순간 회의감이 들었다. 그러다 다시 마음을 가다듬었다. '그래, 까짓거 다시 해보지 뭐. 어차피 얼굴도 모르는 사람들인데.' 그렇게 10번, 20번 거절이라는 이름으로 뺨을 맞고 나니 21번째 콜에서는 똑같이 당하면 안 되겠다는 생각이 들었다. 같은 쪽 뺨을 20번 맞아보면 안다. 너무 아프다.

그 후로 내 멘트를 바꿨다. "고객님! 이런 전화 너무 많이 받아서 짜증나시죠?"라고 시작하니 신기하게도 "됐어요! 끊어요!"라며 듣지도 않고 매몰차게 전화를 끊어버리던 고객이 "알면서 왜 전화해요?", "맞아요! 하루에도 12번도 이런 전화가 와봐요. 얼마나 짜증 나는지" 하면서 같은 쪽 빰은 더 이상 때리지 않았다. 그렇게 뻔하게 예상되는 거절을 미리 받아치니 전화기 너머 들리는 날카로운 고객의 목소리가 좀 수그러들었다. "뭐 어차피 거기도 똑같은 이야기하려고 하는 거 아니에요?" 내용이야 어떻든 대화가 끊기지 않고 이어져야 한다는 게 중요한 포인트다. 그래야 그다음 멘트로 이어나갈 수 있다.

2주라는 시간 동안 콜드콜의 기본기를 충분히 다질 수 있었다. 누군가는 고작 2주에 뭘 배우겠냐고 하겠지만 2주라는 짧은 시간 동안 거의 2,000번의 거절에 대응할 수 있는 기회를 선물받았다. 콜드콜이라는 고강도 인터벌 훈련을 통해 일면식도 없는 사람들에게 매몰찬 거절을 받다 보니 실제 오프라인에서 만나는 고객의 거절은 식은 죽 먹기가 되는 신기한 경험을 하게 되었다. 거절 처리 능력을 단시간에 키우는 데는 콜드콜이 막강한 도구라는 것을 절대 잊지 말기 바란다. 참고로 처음에 그 회사에서 받았던 스크립트가 내가 새로 만든 스크립트로 바뀌었다는 것은 안 비밀이다.

경쟁력을 갖게 해주는 지름길이다

콜드콜이 가져다주는 세 번째 혜택은 콜드콜이 차별성 있는 개인 브랜드를 만들어준다는 것이다.

이 시대의 경쟁력은 바로 '차별성'이다. 차별성 있는 상품은 언제든 사고 싶다. 근래 여자 사각팬티를 좀 검색했더니 발 빠른 AI가

잇을 만하면 사각팬티 쇼핑몰과 나를 연결시켜주려고 애쓴다. 무서운 세상이다. 관심을 두고 살펴보니 사각팬티라도 다 똑같은 사각팬티가 아니다. 모두가 '우리는 달라요!'라고 아우성이다. '다른 곳과 비교 불가', '타사 팬티 vs 자사 팬티' 같은 문구로 꼬시는 것은 기본이다. 결국 뭔가 달라야 산다는 것이다.

사람을 상품으로 봤을 때도 마찬가지다. 뭔가 달라야 한다. 다른 사람이 가지고 있지 않은 나만의 기술이 있다면 당연히 나를 사고 싶어 할 것이다. 만약 당신이 무한대 인맥을 만들 수 있는 콜드콜 기술이 있다면 어떨까? 지금까지 나에게 연락을 해온 수많은 사람들은 콜드콜 기술을 알고 싶어 했고 그 기술을 자기 것으로 만들고 싶어 했다. 어떤 사업이든 신규 고객이 창출되지 않는다면 사업을 이어가기 힘들기 때문이다. 생존 앞에서는 누구나 간절해진다. 이런 의미에서 콜드콜 기술은 당신을 어필할 수 있는 정말 강력한 무기다.

나는 다른 사람과 얼마만큼 구별되는가

2년 전 세 아이의 아빠이자 평범한 직장인인 40대 초반 고객의 코칭을 시작했다. 그와 소통을 하면서 말발이 좋은 분이라는 것을 직감했고 그것을 세일즈와 연결시키면 어떻겠냐고 제안했더니 거기서 힌트를 얻어 코칭받는 과정에서 스스로 '영파남(영양제 파는 남자)'이라는 개인 브랜드를 만들었다. 여기서 영파남의 키워드는 '영양제'가 아니라 '파는(sale)'이다. 영파남에게 독서 경영 코칭과 더불어 콜드콜 기술 코칭을 시작했다. 특히 콜드콜 미팅 거절 처리에 코칭이 집중되었는데 영파남은 하나를 가르쳐주면 열을 아는 우등생이었다. 그의 콜드콜 기술이 나날이 업그레이드되던 어느 날 영업과 기획을 맡아줄 사람을 구하던 어느 회사 CEO를 만나는 자리가 생겼다. 그는 그동안 쌓았던 세일즈 기술, 콜드콜 기술, 그리고 독서를 통해 얻은 경영 지식을 어필할 수 있었고 더 좋은 조건으로 스카웃되었다.

누군가는 40대에 명예퇴직을 할 수도 있고 누구는 좋은 조건으로 여러 곳에서 러브콜을 받을 수도 있다. 경력을 멈추느냐 제2의 전성기를 맞느냐는 다른 사람과 얼마만큼 구별되는 기술을 지니고 있느냐에 달려 있을 것이다. 만약 면접 때 "저는 거절 처리 능력이 뛰어나며 무한대 인맥을 만들 수 있는 기술이 있습니다"라고 말한다면 아마 면접관들이 귀가 쫑긋해서 쳐다보지 않을까? 혹은 반영구 화장 기술이 있는 프리랜서가 콜드콜이라는 기술을 가지고 있다면 자신을 좀 더 큰 기관이나 커뮤니티와 연결시켜 사업을 확장해나갈 수도 있을 것이다. 콜드콜 기술은 정말 평생 내가 먹고 살 수 있는 기술 중 하나다. 그런 무시무시한 기술을 내가 마스터했을 때 어떤 산업에서든 당신이라는 이름의 브랜드 경쟁력은 매우 막강해질 수밖에 없다. 사람들이 나를 필요로 할 수밖에 없다. 이쯤 되면 콜드콜 기술을 마다할 이유가 하나도 없다. 더 늦기 전에 콜드콜 기술을 마스터해보자.

명단 작성하기

누구나 쉽게 따라 할 수 있는 콜드콜 명단 만들기

콜드콜을 하려면 우선 명단이 필요하다. 처음에 콜드콜을 시도하려는 사람들은 여기서부터 막막하다. 걱정은 붙들어매도 좋다. 생각보다 매우 간단하다. 콜드콜 명단만들기 3단계만 알면 된다.

1단계, 인터넷에 접속한다. 2단계, 잠재 고객 또는 거래처를 검색한다. 3단계, 찾은 거래처 연락처를 메모한다. 너무 간단해서 실망했는가? 순서가 정말 그렇다.

자, 그러면 다시 차근차근 시작해보자. 우선 PC나 스마트폰으로 네이버나 구글 등 검색창을 연다. 개인적으로 나는 주로 네이버를 자주 이용하는 편이다. 여기서 중요 포인트는 지역을 정해서 자신의 타깃 고객에 맞춰 검색을 하는 것이다. 예를 들어 서울 논현동 지역에 있는 뷰티쪽 업계가 타깃이라면 '논현동 피부숍', '논현동 헤어숍'과 같은 검색어로 검색한다. 네이버의 경우 검색을 하면 맨 처음 네이버 플레이스에 등록된 업체명 정보가 보이고 다음으로는 관련 블로그들이 검색된다. 이때 각 업체명을 클릭해서 네이버 지도로 거리나 위치를 확인해두면 콜드콜 미팅이 잡혔을 때 유익하다.

업체 정보에는 대부분 전화번호가 공개되어 있다. 명단을 작성할 노트를 준비해서 정보를 적어두거나 PC나 스마트폰에 저장해도 된다. 보통은 대표 전화가 있지만 업체의 블로그나 인스타그램을 통해 대표의 개인 휴대폰 번호도 알아낼 수 있다. 내 경험상 보통 개인 휴대폰 번호로 전화했을 때 콜드콜 성공 확률이 더 높았다. 대표 전화보다는 개인 번호로 전화하게 되면 좀 더 친근하고 가까운 느낌을 주기 때문이다. 시간을 조금만 더 투자해서 대표 전화보다는 개인 휴대폰 번호를 찾아보자. 1% 추가된 노력 덕분에 200% 더 멋진 결과를 만들어낼 수도 있다.

1,000개 명단 만들기 프로젝트

업체 명단을 찾는 개수는 딱히 정해져 있지 않다. 한 번에 10개만 찾아도 되고 20개만 찾아도 된다. 반대로, 아예 작정하고 500개에서 1,000개 정도를 한꺼번에 찾아서 리스트업을 해보는 것도 좋다. 만약 1,000개의 명단을 작성했다면 작성된 명단을 프린트해보자. 명단이 적힌 종이를 쥐고 있는 것만으로도 마음이 든든해진다.

2021년 여름쯤 콜드콜에 도전하는 커뮤니티 멤버들에게 1,000명 명단을 만들어보라는 과제를 줬다. 처음에는 모두 1,000이라는 숫자에 부담을 가지는 눈치였다. 굉장히 많은 숫자 같아도 실제 해보면 그렇지 않다고 멤버들을 어르고 달랬다. 1,000명의 명단을 만드는 과정에서 얻는 게 있기 때문이다. 숙제를 주는 선생님들은 항상 그 뒤에 의도하는 바가 있다.

빠른 사람은 3일만에 완성했고 바빠서 일주일이 걸리는 사람도 있었다. 숙제를 다 마친 사람들은 도저히 너무 많아서 못할 것 같다고 투덜거리던 모습은 온데간데없고 어깨에 힘이 좀 들어가 있었다. "많이 힘드셨어요?"라는 내 질문에 대부분 '할 만했다'라는 식으로 쿨내를 풀풀 풍겼다. "1,000명 명단을 만들어보니 어떠세요?"라고 물으니 "명단 작성을 한 것만으로도 벌써 고객이 생긴 기분이에요", "정말 잠재 고객이 내 주변에 많다는 것을 깨달았어요" 등 멋진 피드백들이 오갔다. 역시 무언가에 열심히 몰입하고 집중하게 되면 예상치 못한 선물을 받는 게 삶의 이치인 듯하다.

사실 1,000개 명단을 통해 잠재 고객 명단을 만들게 되면 시장 조사를 할 수 있는 일거양득의 효과도 얻을 수 있다. 예를 들면 가장 활발하게 온라인에서 마케팅을 하는 업체가 어디인지 파악할 수도 있고 블로그 리뷰를 통해 소비자 만족도가 높은 업체가 어디인지도 간접적으로 알 수 있다. 이러한 과정에서 특정 지역에 분포되어 있는 타깃 업계의 현재 동향을 간략하게라도 파악할 수 있어서 콜드콜을 시도하려는 초보자들에게는 귀중한 자료가 된다.

1,000명의 명단을 만들었다면 이제 자신의 비즈니스 전체 맥락을 볼 수 있는 기회를 얻은 셈이라고 생각해야 한다. 단순히 명단 작성을 위한 일을 넘어서는 차원으로 넘어갔다는 이야기다. 이런 과정들을 반복하면 당연히, 나무가 아닌 숲을 볼 줄 아는 고수가 될 수 있다. 비즈니스는 단기 플랜이 아닌 장기 플랜이다. 장기 플랜을 위해서는 전체의 흐름을 볼 수 있도록 시야를 넓혀야 한다. 1,000명의 명단 작성은 시야를 넓히는 가장 강력하고도 확실한 방법이다.

비고란이 필요한 이유

보통 텔레마케팅 회사는 상호명, 전화번호, 주소처럼 간단한 정보만 기재된 명단을 준다. 그러나 지금 우리가 만들려는 명단 작성 파일에는 추가적인 정보를 입력할 공간이 더 필요하다. 바로 '비고란'이다. 개인적으로 이 비고란에 어떤 정보를 적어두냐에 따라 콜드콜 명단을 나의 '찐' 고객으로 바꿀 수 있는 확률을 높일 수 있다.

우선 상호명과 전화번호만 대충 적어두는 식으로 무성의하게 명단을 만들면 안 된다. 콜드콜 명단 작성을 어떤 마음과 태도로 하느냐에 따라서 콜드콜의 성공 여부가 가려지기 때문이다. 따라서 나의 잠재 고객을 성의 있는 마음으로 찾아야 한다. 대충 찾아서 성의 없게 연결된 끈은 사소한 요인에도 쉽게 영향받고 쉽사리 끊어지기 때문이다.

명단 작성 시 비고란에는 그 업체만의 특징이 반드시 들어가야 한다. 만약 블로그를 검색해서 어떤 업체를 찾았는데 블로그 글에 인스타그램 주소가 링크되어 있다면 인스타그램도 함께 들어가서 봐야 한다. 보통 인스타그램에는 사진과 짧은 글로 된 콘텐츠가 올라가기 때문에 인스타그램만 참고해도 업체의 전반적인 분위기를 느낄 수 있다. 만약 홈페이지가 있는 업체라면 회사 전체의 정보를 꼼꼼히 살펴서 특이사항을 메모해두면 좋다. 한마디로 명단 작성에 '정성'이 들어가야 한다는 이야기다. 하나를 보더라도 꼼꼼하게 보고 그들이 올려놓은 SNS 콘텐츠가 주는 힌트를 놓치지 말고 알아차려야 한다.

보통 TMI(Too Much Information: 너무 많은 정보, 굳이 알려주지 않아도 될 정보)는 불필요한 정보까지 이야기하는 경우를 두고 쓰는 표현이지만, 명단 작성 시 TMI는 콜드콜의 성공률을 높이는 데 오히려 중요한 역할을 한다. 3년 전 콜드콜 명단을 작성하면서 블로그에서 우연히 찾은 커피전문점이 있었다. 블로그를 검색해서 보니 드립커피가 메인 상품이었고 30대쯤 되어 보이는 부부가 운영을 하고 있었다. 남편은 바리스타 자격증을 가지고 있었고 아내는 마들렌을 직접 구어서 함께 팔고 있었다. 전반적인 가게 인테리어는 모던하고 깔끔했다. 커피 가격대를 보니 싼 편이 아니었다. 특이하게 화요일에 영업을 하지 않았고 운영하는 인스타그램에는 아내의 그림 작품들이 간간히 포스팅되어 있었다.

나는 당장 해당 커피전문점 정보를 발 빠르게 스캔하고 비고란에 이렇게 메모했다.

"드립커피 전문점, 30대 부부 운영, 남편 바리스타, 아내 베이킹, 모던하고 깔끔한 인테리어, 매주 화요일 휴무, 아내 취미 그림."

사실 이런 정보를 알아내는 데는 그리 오랜 시간은 걸리지 않는다. 조금만 성의 있게 명단을 작성하면 콜드콜의 멘트도 달라지고 콜드콜을 받는 상대방의 쌀쌀한 목소리 온도도 조금은 올릴 수 있다. '아무'한테나 전화를 건 '낯선 사람'이 될 작정이 아니라면 당신의 마음의 온도부터 조금 올려보자.

누군가에게 '아무나'가 되고 싶은 사람은 없다. 우리는 모두 '너니까'라는 말을 듣고 싶어 한다는 사실을 잊지 말기 바란다.

스크립트 작성하기

콜드콜 스크립트가 필요한 이유

콜드콜의 시작은 참 어렵다. 어떤 말부터 꺼내야 할지 참 막막하다. 시작도 전에 매몰찬 거절을 받을까봐 두려워진다. 내가 부족해서가 아니다. 누구나 같은 마음일 거라고 생각한다. 그러나 두려워하고만 있을 수는 없다. 미리 스크립트를 만들어서 상대방의 마음을 열 수 있도록 전략을 짜고 계획을 수립해야 한다. 스크립트 없이 마음만 앞서서 콜드콜을 하게 되면 퇴짜 맞을 확률이 높아서 그렇게 되면 자신이 원하는 결과를 만들기 어렵다.

반면 스크립트를 미리 짜두면 예상치 못한 거절에도 덜 당황하게 된다. 처음 콜드콜을 시작하게 되면 장담하건대 눈앞이 하얘지면서 아무 생각이 안 날 것이다. 얼굴도 모르는 사람에게 전화로 난생처음 말을 거는 것이기 때문에 막연하고 두려울 수밖에 없다. 그러나 미리 준비해둔 스크립트가 있다면 조금은 차분한 마음으로 통화할 수 있다. 당연히 실수도 많이 줄일 수 있다.

보통 나는 처음 초보자에게 스크립트 없이 콜드콜을 해보라고 시킨다. 스크립트 없이 콜드콜을 시도해보면 스크립트의 중요성을 온몸으로 느낄 수 있기 때문이다. 이때 대부분 사람들이 100% 하는 실수가 있다. 바로 상대방에게 신뢰를 주지 못하는 말을 많이 한다는 것이다.

예를 들면 "저……", "음……", "아……", "어……"와 같이 뭔가 확신이 없고 불안한 느낌을 주는 말들인데, 이런 감탄사를 듣게 되면 고객은 상대방이 프로답지 않다는 생각을 하게 되고 동시에 제안에 대한 확신이 없다는 느낌을 받는다.

평소에 나를 잘 아는 사람이라면 기본적인 신뢰가 이미 쌓여 있는 상태이기 때문에 이런 감탄사를 쓰더라도 '말을 바로 꺼내기가 어려운가 보다'라고 생각하며 넓은 마음으로 이해해주겠지만, 콜드콜로 연결된 사람들은 절대 인내심을 가지고 기다려주지 않는다. 자신도 살기 바쁜 마당에 얼굴도 모르는 사람이 걸어온 전화에 귀를 기울여 상대를 배려하고 이해해줄 사람은 아무도 없다.

따라서 처음에는 무조건 스크립트를 작성해야 한다. 제아무리 말발이 있고, 용기가 있다고 자부하는 사람이라도 처음 콜드콜을 시도하면 모두 수줍은 새색시가 될 수밖에 없다. 스크립트가 준비되지 않았다면 콜드콜을 시작하지 말기 바란다. 스크립트 준비는 옵션이 아니라 필수다.

스크립트 첫 문장에 목숨을 걸어라

콜드콜 스크립트의 승부수는 첫 문장에 걸어야 한다. “시작이 반이다”라는 표현이 있지만 콜드콜 스크립트를 만들 때는 “시작이 다다”라고 해야 맞다. 첫 문장에서 승리해야 다음 단계로 넘어갈 수 있다. 만약 스크립트의 첫 문장을 읽었는데 “관심 없어요”, “됐어요”라며 상대방이 전화를 바로 끊어버린다면 준비한 두 번째 문장은 세상의 빛도 한번 보지 못하고 사장될 수밖에 없다.

첫 문장을 “반갑습니다. 고객님”과 같은 기계적인 멘트로 만들 생각은 애초에 안드로메다로 보내야 한다. 혹은 “저기요”와 같이 지나가는 행인에게 길을 물어보는 듯한 멘트도 당연히 버려야 한다. 첫 문장에서 너무 매달리는 느낌을 줘서도 안 되고 기계적으로 전화를 건 느낌을 줘서도 안 된다. 첫 문장은 군더더기가 없고 힘이 있어야 한다.

우선 거래처와 오프라인 미팅을 잡기 위한 목적의 스크립트라고 가정해보자. 만약 스크립트의 첫 문장에서 다짜고짜 “대표님(혹은 사장님) 자리에 계신가요?”라고 한다면 조금은 무례한 느낌이 든다. 그리고 영혼이 없고 차갑다. 아무리 ‘콜드(cold)콜이라도 멘트마저 차가우면 안 된다. 콜드콜은 따뜻해야 한다. 매일 수십 통의 광고나 홍보 전화에 지친 사람들에게 우리까지 힘을 보탤 필요는 없다. 이미 사람들은 자신을 불특정 다수로 여기는 콜드콜에 질려 있기 때문이다.

나는 스크립트를 만들 때 김춘수의 〈꽃〉이라는 시를 생각한다.

특히 "나의 이 빛깔과 향기에 알맞는 누가 나의 이름을 불러다오"라는 구절을 떠올린다. 우리는 누군가에게 의미 있는 사람이 되고 싶어 한다. 우리의 콜드콜은 상대방을 의미 있게 만들어줘야 한다. 지나가다가 전화번호가 있길래 한번 전화를 해본 듯한 느낌을 절대 줘서는 안 된다. 충분히 고심한 흔적이 남아 있는 듯한 느낌을 줘야 한다.

예를 들면 "방배동에서 꽃집을 운영하시는 홍길동 대표님 맞으세요?"라고 하는 것이다. 이 문장에는 성의가 들어 있다. 적어도 이 사람이 어떤 비즈니스(꽃집)를 어느 지역(방배동)에서 하고 있는지 미리 알아보고 전화를 했다는 느낌을 준다. 아무 지역에 있는 아무 대표에게 전화를 건 느낌이 아니다.

여기서 살짝 디테일을 넣어보자. "방배역 사거리에서 '너에게'라는 꽃집 운영하시는 홍길동 대표님 맞으세요?"라고 하는 것이다. '방배역'보다는 '방배역 사거리'가 훨씬 구체적이고 '꽃집'보다는 '너에게라는 꽃집'이라고 하면 전화를 받는 사람을 불특정 다수로 여기는 듯한 느낌을 주지 않는다.

수많은 콜드콜을 해봤지만 첫 문장에서 상대방을 의미 있게 여기는 느낌을 주게 되면 매몰찬 거절을 절대 받지 않는다. 그래서 월급을 받고 주어진 스크립트만 읽는 텔레마케팅 회사의 직원 같은 멘트는 지양해야 한다. 콜드콜로 연결된 잠재 고객들을 조심히 잘 다뤄야 한다.

첫 문장은 첫인상이다. 그냥 '아무한테나 전화를 걸었어'라는 느낌은 과감히 버리고 '너라서 전화했어'라는 느낌을 반드시 상대방에게 주기 위해 목숨을 걸어야 한다. 첫 문장에서 콜드콜의 성공 여부가 가려진다는 것을 꼭 기억하길 바란다.

용건만 간단히 한다

첫 문장에 성공했다면 다음은 용건을 밝혀야 한다. 깔끔하고 간단한 게 좋다. 첫 문장에서 성공했다고 어깨를 으쓱해서는 안 된다. 우리의 목적은 그들과 사업을 논의하기 위해 만나는 것이다. 여기서 중요한 키워드는 '사업'과 '만남'이다. 군더더기 없이 이 2가지 키워드로 문장을 만들면 된다.

예를 들면 "제가 직접 찾아뵙고 사업 제안을 드리고 싶은데 내일 오전 11시 시간 괜찮으세요?"라고 하면 가장 깔끔하다. '직접 찾아뵙고'에는 '당신과 만나고 싶다'라는 적극성이 들어갔고 '사업 제안'이라는 용건도 들어갔으며 '내일 오전 11시'라는 구체적인 시간까지 들어갔다. 이 정도면 충분하다.

여기서 군더더기를 절대 넣으면 안 된다. 가령 "안녕하세요? 대표님! 갑자기 이렇게 불쑥 전화를 드려서 죄송해요. 저도 전화를 하기 전까지 무척 떨려서 고민했는데 큰마음 먹고 용기를 내봤어요. 제가 사장님께 전화를 드린 이유가 궁금하실 텐데요. 다름이 아니라 좀 만나서 사업적인 이야기를 좀 드리고 싶거든요. 많이 바쁘시겠지만 혹시 내일 제가 좀 찾아뵈어도 될까요?" 이렇게 말하면 '0'점짜리 스크립트다. 길고 장황하며 전형적인 '을'의 스크립트다. 쓸데없는 말은 '저는 자신감이 없습니다' 혹은 '제 사업에 확신이 없습니다'라는 이미지를 만들어버린다. 이런 말들은 콜드콜을 실패로 이어지게 한다.

상대방은 시간이 없고, 나에게 관심이 1도 없는 사람임을 기억하라. 그런 사람과 30초를 통화하더라도 깔끔하고 프로다운 이미지를 심어줘서 '한번 만나볼 만한 사람'으로 각인시켜야 한다. 잡상인 취급을 받는 스크립트는 쓰레기통에 과감히 버려라. 당신의 사업 제안에 충분히 자신이 있고 그들에게 유익한 정보를 줄 수 있는 확신이 있다면 넣을 것만 넣고 뺄 것은 과감히 빼자. 군더더기 없는 스크립트가 생명이다. 명심하고 또 명심하기 바란다.

거절 처리 노하우

거절은 거절일 뿐 오해는 금물!

콜드콜을 할 때 고객의 거절은 옵션이 아니라 일부다. 아니 콜드콜의 전부라고 정정하겠다. 콜드콜은 수많은 거절을 처리해나가는 일련의 과정이라고 보면 된다. 나는 거절 처리 전문가다. 콜드 콘택트와 콜드콜로 수없이 거절을 받다 보니 거절은 나와 동행하는 친구처럼 느껴졌을 정도니까. 나의 거절 데이터를 모두 공개하려면 책 한 권을 내도 부족하다.

보통 거절을 받으면 그 거절이 나라는 존재 자체에 대한 거절이라고 생각하는 경우가 많다. 그래서 좌절하게 된다. 여기서 잊지 말아야 할 것은 콜드콜은 환영받는 전화가 아니라는 사실이다. 콜드콜은 한마디로 불청객이다. 불청객을 환영해줄 사람은 없다. 거절은 당연한 것으로 생각해야 한다.

처음에 콜드콜을 시작했을 때 나 또한 사람들의

거절이 은연중에 나라는 사람에 대한 거절이라고 생각했던 것 같다. 그러다 보니 상처 아닌 상처를 받게 되었다. 혹여라도 인신공격에 맞먹는 최악의 거절을 받을 경우 '내가 그렇게 인생을 잘못 살았나'라는 자괴감이 들었다. 시간이 지난 후 나중에서야 깨달았지만 전혀 그렇게 생각할 이유가 없었다. 그 거절로 인해 내가 지금까지 충실하게 살아온 삶을 부정당하는 것이 아니기 때문이다.

거절은 그냥 내가 하는 말에 대한 거절일 뿐이다. 거절 자체에 집착하다 보면 절대 콜드콜을 오래 지속할 수 없다. 고객의 거절을 내 존재 자체에 대한 거절이라는 오해를 애초에 버려야 멋진 콜드콜을 만들어갈 수 있다는 사실을 기억하자.

대표적인 2가지 거절 유형

콜드콜을 거절하는 데에는 여러 가지 이유가 있다. 거절의 유형도 다양하고 방식도 다양하다. 여기서는 거절하는 2가지 대표적인 유형과 이에 대처할 수 있는 멘트를 공유하겠다. 수차례 콜드콜을 해보면서 느낀 것은 결국 사람은 달라도 거절 유형은 크게 다르지 않다는 것이다. 이후에는 거절의 유형을 가늠해 사전에 준비하고 전화를 걸었다. 이렇게 하고 나니 훨씬 유연하게 대처할 수 있었다.

거절 유형 1, 단호한 태도를 가장한 "관심 없어요"

이 답변은 가장 대표적인 거절이다. 여기서 중요한 것은 이 말을 액면 그대로 받아들여서는 안 된다는 것이다. 상대가 진짜 관심이 없을 수도 있지만 대부분은 그저 별 생각 없이 반사적으로 내뱉는 말이다. 콜드콜은 기다리는 사람도 없고, 환영해주는 사람도 없는 행위다. 그렇기에 전화 받는 입장에서는 예기치 못한 전화에 나름 꾀를 쓰면서 "관심이 없다"고 대답하는 것이다. 관심이 없다고 해야 이야기를 이어가기 어렵다는 것을 알기 때문에 그렇게 말하는 것이다. 처음부터 대화의 여지를 주지 않겠다는 단호한 태도다.

나도 처음에는 이 말에 많이 속았던 것 같다. 없는 관심을 어떻게 만들어낼지 막막했다. 심지어 내 얼굴도 모르는 사람인데 무슨 수로 갑자기 나에게 관심을 갖게 만들지 늘 고민했다. 재미있는 것은 '관심 없다'는 말 자체에 집중하게 되면 점점 답이 없다는 사실이다. 거절을 위한 상대방의 덫에 걸려들면 안 된다. 거절의 달인들에게 전략도 없이 덤벼들 생각을 한다는 것은 매우 위험하다.

만약 "사업 제안을 하고 싶어서 전화를 했다"라는 말에 곧바로 "관심 없어요"라는 말을 했다면 곧바로 이렇게 물어보자. "어떤 것에 관심이 없으시다는 거죠?"라고 묻는 것이다. 사실 사업 제안을 하고 싶다고만 했지, 애초에 어떤 사업이라고 말하지 않았기 때문에 이 말은 누가 들어도 일리가 있다. 이렇게 덧붙여보자. "어떤 사업인지 구체적으로 말씀드리지도 않았는데 관심이 없다고 하셔서요." 이 말을 들으면 상대방은 분명 당황하게 되어 있다.

여기서 주의할 사항은 이 말이 상대에게는 절대 공격적인 말투로 들려서는 안 된다는 점이다. 자칫하다가는 전화가 바로 끊어질 수도 있다. 말투도 화가 잔뜩 난 데다 목소리도 격앙되어 있는데 말로만 "고마워"라고 한다며 절대 고맙다는 표현이 전달되지 않는다. 따라서 이 말은 어디까지나 말투에 신경을 써야 하는 멘트임을 잊지 말자. 같은 말이라도 '아' 다르고, '어' 다른 법이니까.

거절 유형 2, 모두에게 타당한 이유 "바빠요"

바쁘다는 답변은 굉장히 자주 등장하는 거절 멘트다. 실제로 사람들은 하루 종일 바쁜 게 맞다. 드라마를 보며 쉬고 있는 사람도, 하늘 보고 한숨 돌리고 있는 사람도, 하다못해 화장실에서 볼일을 보고 있는 사람도 다 저마다의 이유로 정신없이 바쁘다. 바쁜 건 바쁜 것이다. 바쁜 데는 이유 없다.

나조차도 내 할 일에 집중하고 있는 상태에서 이런 전화를 받는다면 어김없이 바쁘다는 핑계를 댈지 모른다. 단호하게 거절하기 힘든 사람의 경우에는 없던 미팅도 생기고 걷고 있으면서도 운전 중인 마법도 일어난다. 빨리 전화를 끊고 싶기 때문에 굉장히 중요한 일을 앞둔 긴급한 상황을 그럴싸하게 연출해낸다.

여기서 "아~ 그러세요? 그럼 안 바쁜 시간에 다시 전화드릴게요"라고 말한다면 이미 이 콜은 실패다. 상대방이 당신 전화번호를 '받지 마'란 이름으로 저장해두고 다음번에는 당신의 전화를 안 받거나 아예 차단할 수도 있기 때문이다.

바쁜 사람을 붙잡고 이야기를 한다는 것은 예의에 어긋난 일이라며 갑자기 도덕 선생님이 될 필요는 없다. 상대방은 '절대적으로'

바쁘지는 않기 때문이다. 그들이 말하는 "바빠요"의 의미에는 '나에게 도움이 되지 않는 이야기를 들을 만한 시간이 없다. 그 이야기를 들어줄 정도로 한가하지는 않다'라는 뜻이다.

이럴 때는 "역시 제가 예상한 대로 저만큼 바쁘신 분이었네요. 원래 프로가 바쁘잖아요"라고 말해보자. 이 멘트는 절대 매달리는 느낌을 주는 멘트가 아니다. 나와 상대방의 가치를 동시에 높일 수 있는 최고의 거절 대처 방식이다.

이제 이 문장을 차근차근 해부해보자. 한 문장이지만 여러 가지 의미가 내포되어 있다. '역시'와 '예상한 대로'라는 두 개의 키워드가 '당신이 풍기는 이미지는 활발하게 활동하는 사업가'라는 뉘앙스를 준다. 여기서 절대 빠져서는 안 되는 단어가 있다. 바로 '저만큼'이라는 단어다. 만약 이 단어가 들어가지 않으면 아부성 멘트로 오해받기 딱 좋다. 그런데 '저만큼'이라는 조미료를 추가하게 되면 전혀 다른 맛이 난다. 마지막 한 방, "원래 프로가 바쁘잖아요"라는 '꾸안꾸(꾸민 듯 안 꾸민 듯)' 멘트로 상대방과 나의 가치를 함께 올려놓자.

'멘트'는 거들 뿐 '자신감 제로'에 죄가 있다

당신의 콜드콜 거절 처리 멘트가 별로라고 생각해서 의기소침해 있다면, 문제는 당신의 멘트가 아니라 당신의 자신감 제로의 '심리'라고 말해주고 싶다. 사실 거절 처리를 할 때 가장 중요한 것은 어떤 마음가짐으로 임하느냐다. 비록 멘트가 구려도 심리가 구리지 않으면 된다. 당신 자신이 갖고 있는 사업 아이템이 고객이나 거래처가 갖고 있는 문제를 해결해준다는 확신이 있다면 어깨를 쫙 펴고 당당하게 상대방의 거절을 받아내야 한다.

단지 당신을 잘 모르기 때문에 신뢰할 수 없다는 강경한 태도에 굴복하지 말아야 한다. 가족이 아닌 이상 우리는 모두 처음에는 모르는 사람이지 않은가. 믿는 사람에게 발등 찍히는 일도 수없이 많고 오늘의 친구가 내일의 배신자가 될 수도 있는 세상인데, 단지 모르는 사람이라는 이유로 당신의 전화기 목소리가 개미 소리만큼 작아진다면 그것은 정말 바보 같은 일이다.

당신은 프로고 정직하게 지금까지 일해왔다. 상대방을 속일 생각도 없고 사람을 등쳐먹을 사기꾼도 아니다. 상대의 거절을 두려워할 이유가 없다. '나는 당신의 문제를 해결해줄 사람이다'라는 자신감 있고 당당한 태도로 전화기를 들어야 한다. 통화 버튼을 누르기 전에 이런 마음을 갖고 있지 않다면 아무리 멋진 멘트로 무장된 스크립트가 있다 하더라도 그 콜드콜은 실패로 이어질 것이다.

잊지 마라! 상대는 당신을 모르고 어떠한 확신도 없는 백지상태의 마음이라는 것을. 당신이 그들에게 적극적으로 다가가 손을 내밀어 그들에게 확신을 주는 사람이 되어야 한다. 그러기 위해서는 '나는 상대방이 반드시 필요로 하는 사람이다'라는 자기 확신을 가져야 한다. 이런 심리로 통화 버튼을 누를 때 당신의 콜드콜은 반드시 성공콜로 이어질 것이다.

콜드콜 미팅 시 유의 사항

첫 콜드콜의 기억, '다시 돌아갈까?'

나의 첫 콜드콜 미팅이 생각난다. 겨울이었다. 안 그래도 떨려 죽겠는데 날씨까지 추우니 심리 온도는 아마 영하 20도는 되었을 것이다. 비즈니스 미팅이니 정장을 입고 하이힐을 신었다. 아마 정장 차림도 몸을 경직시키는 데 한몫을 했을 것이다. 서둘러 나가서 10분 전에는 미리 도착할 것 같았는데 주차할 곳을 찾지 못해서 한참 헤맸던 기억이 난다. 마침내 미팅 장소 앞에 도착했다. 콜드콜 미팅은 처음이라 많이 떨렸다. 목소리만 들었지 얼굴도 본 적이 없는 사람과 비즈니스에 대해 바로 이야기해야 하는 상황이 눈앞에 닥치자 가슴이 두근거렸다.

드디어 입구 앞이다. 문을 열려고 손잡이를 잡았다. 분명 'PUSH'라는 문구가 보이는데도 내 손은 움직이지 않았다. '다시 돌아갈까?'라는 생각이 뇌리를 스쳐갔다. '아니야. 어떻게 잡은 미팅인데, 들어가야지'라며 다시 마음을 다잡아봤지만 여전히 긴장되었다. 지금이라면 망설이지 않고 바로 문을 열고 들어갔겠지만 그때는 차라리 문이 열리지 않았으면 좋겠다는 생각이 들었다. 문이 열리기 바라는 알리바바와는 정반대로 나는 '열리지 마라! 참깨!'를 마음속으로 여러 번 외쳤던 것 같다.

막상 콜드콜 미팅을 가게 되면 심리적으로 움츠러들게 된다. 사실 콜드콜 미팅을 상상만 해봐도 쉽지 않을 것이라는 생각이 든다. 두려움이 밀려들면 미팅 장소 입구에서 포기하고 돌아서는 경우가 생길 수도 있다. '에이, 거기까지 갔는데 설마 그럴까?'라고 생각하겠지만 미팅 자체를 포기하는 경우가 생길 수 있다. 만약 이 미팅을 하지 않아서 굶어 죽는다면 모를까 귀찮고 부담스럽고 어려운 일을 피하고 싶은 마음은 누구나 가지고 있다.

나 또한 그랬다. '문을 열지 말고 돌아갈까?' 하는 생각을 초반에는 자주, 여러 번 했다. 그럴 때마다 내가 한 한 가지 결심은 단순했다. '그래, 일단 문을 열고 보자!' 문이 열리기까지가 힘들지, 문이 열리고 나면 상황은 흘러가게 되어 있었다. 어쩔 수 없이 그 상황에 던져지게 되므로, 열리고 나서부터는 후퇴는 없었다.

만약 콜드콜 미팅을 가서 입구 앞에 섰다면 손잡이를 잡고 일단 문을 열어라. 만약 겁을 먹고 돌아서게 되면 다시는 그 거래처와 연결될 수 없다. 뭔가 2% 부족한 미팅이 될지라도 일단 저지르고 봐야 한다. 그래야 다음 미팅과 연결될 여지가 있다. 사람들은 완벽함을 원하는 게 아니라 책임 있고 신뢰할 만한 사람을 원한다. 혹시 아는가? 그 문 앞에 당신 인생의 터닝포인트가 되어줄 누군가가 기다리고 있을지.

미션 임파서블?

톰 크루즈 하면 빼놓을 수 없는 최고 인기 시리즈 영화 〈미션 임파서블〉에는 시리즈마다 손에 땀을 쥐게 하는 긴박한 명장면들이 나온다. 세계 최강의 스파이 에단 헌트는 주어진 짧은 시간 안에 거의 불가능에 가까운 미션을 아슬아슬하게 해낸다. 결국 성공할 것을 알면서도 긴박함에 쫓기는 등장인물을 볼 때마다 짜릿한 스릴과 긴장감을 늦출 수 없다.

콜드콜 미팅도 사실 이런 수준의 긴장감을 준다. 콜드콜 미팅에서 시간을 충분히 내주는 사람은 거의 없다. 심한 경우 5분 안에 이야기를 하고 가라는 말을 들을 수도 있다. 와우! 딱 5분. 벌써 시간적 압박을 받는다. 5분이라는 시간 안에 준비해온 내용을 다 내놓을 엄두가 나지 않을 것이다. 긴장의 연속이다. 이런 긴장감 때문에 평소 무리 없이 잘하던 것도 실수하게 된다.

5분이라도 주겠다는 사람은 좀 낫다. 콜드콜로 연결된 미팅이다 보니 가벼운 마음으로 미팅을 생각한 나머지 약속 자체를 잊어버리는 사람도 많다. 그러면서 “어떡하죠? 제가 지금 바빠서”라고 대꾸하는 어이없는 사람들도 많다. 이런 일들이 일어날 수 있는 이유는 나만 진지하지 상대방은 결코 진지한 자세로 미팅 테이블에 앉지 않기 때문이다. 그럼 정말 미션 임파서블인가 하는 생각이 들 수도 있다.

미션 임파서블을 파훼하는 결코 실패하지 않는 콜드콜 미팅을 하는 노하우가 있다. 바로 콜드콜 미팅을 단기적인 이익을 만들기 위한 도구로 보지 않고 장기적인 이익을 위해 해나가야 하는 하나의 프로젝트로 보는 것이다. 콜드콜의 핵심은 좋은 인맥을 얻는 데 있다. 즉, 내 비즈니스와 연결될 만한 좋은 사람들을 찾아내어 장기적 플랜의 일환으로 탄탄한 인프라를 구축해나가는 것이 콜드콜 미팅의 궁극적인 목표라는 것을 알고 있어야 한다. 누구나 당장 매출이 걱정되고 자신의 이익만을 앞세우고 싶지만 그런 마음으로는 콜드콜의 궁극적인 목표를 달성할 수 없다. 오히려 비즈니스의 손실을 야기하는 행동이 될 뿐이다.

따라서 나는 오늘 단기적인 이익이 아니라 장기적인 이익을 얻으러 나왔으니 첫술에 배부르지 말자고 다짐해야 한다. '내가 집중할 것은 장기적인 이익이므로, 나는 장기전에 투입된 전사다'라는 생각으로 자리에 나서야 한다. 이렇게 장기적인 이익에 집중하게 되면 작은 실패, 몇 번의 거절, 상대방의 무례함이 내 하루 감정을 지배하지 못하게 된다. 오히려 급한 마음이 사라지고 마음에 여유가 생긴다. 근육이 이완되고 마음의 평정심을 찾을 수 있게 된다. 그렇게 되면 오히려 상대방에게 하고 싶은 말을 제대로 전달할 수 있게 된다. 결국 '미션 파서블'한 상황이 생기게 되는 것이다. 이처럼 비즈니스는 넓게 보고 크게 생각해야 해낼 수 있는 일이다.

콜드콜을 통해 이루려고 하는 사업의 비전과 목표를 좀 더 원대하게 생각하는 여유와 통찰력을 갖도록 노력해보자. 그래서 콜드콜 미팅에서 발생하는 여러 가지 변수와 불편한 상황들이 미션 임파서블이 아닌 미션 'always' 파서블이 되도록 해보자.

말하러 가지 말고 들으러 가라

초창기 시절, 나는 콜드콜 미팅을 앞둔 전날은 주어진 시간에 어떻게 하면 내가 준비한 내용들을 다 쏟아낼지 고민하는 데 거의 썼다. 미리 시뮬레이션을 해보기도 하고, 아이스 브레이킹을 어떻게 해서 본론으로 이어가면 될지 고민하고 전략을 짰다. 정리된 내용을 바탕으로 파워포인트를 활용해서 PPT를 만들었다. 태블릿PC를 가지고 미팅에 갔다. 그리고 매우 프로페셔널한 태도로 프레젠테이션을 했다.

상대방의 얼굴을 볼 틈도 없었다. 시간 안에 준비된 내용을 말하기 위해서는 한눈을 팔 수가 없었기 때문이다. 무사히 준비한 내용을 다 전달하고 나서야 상대방 얼굴이 눈에 들어왔다. 상대방의 반응은 영 시큰둥했다. "들어보니 어떠세요?"라고 물어보면 대부분은 "아, 네. 잘 들었어요"라는 무성의한 대답만 돌아왔다. 그렇게 끝나버린 미팅이 콜드콜 미팅 초반에는 참 많았다. 최선을 다해 준비한 미팅이 늘 최악의 결과로 이어지니 기분이 가라앉을 때가 많았다.

몇 번의 실패가 이어지면서 서서히 왜 그렇게 준비를 잔뜩 하고도 좋은 결과를 내지 못했는지 알게 되었다. 그 이유는 바로 미팅에서 정작 해야 할 '가장 중요한 것'을 하지 않았기 때문이었다.

'가장 중요한 것'은 바로 '소통'이었다. 상대방과 마음을 터놓고 소통을 하고 와야 하는 자리에서 일방적인 설명만 하고 왔으니 당연히 좋은 결과가 나올 리가 없었다. '내 상품이 최고다. 내 서비스가 최고다. 내가 이렇게 멋진 사람이다'라는 자기 자랑만 늘어놓는데 무슨 소통이 이루어졌을까?

일방적인 자랑질로 인해 결국 미팅에 실패했다는 사실을 깨닫고 나서야 나는 내 말을 멈췄다. 어떻게 하면 상대방이 말을 더 많이 할 수 있게 할지 고민하면서 질문에 집중했다. 겉도는 질문이 아닌, 상대방이 진짜 궁금해하는 질문을 준비했다. 그 사람이 자신의 이야기를 할 수 있도록 유도하고 경청하기 시작했다. 그렇게 말을 멈추고 듣기 시작했더니 콜드콜 미팅의 성공률이 높아지기 시작했다.

소통은 양방향이다. 서로의 마음이 오고 가야 한다. 그런데 막상 콜드콜 미팅을 가게 되면 내 할 말만 하고 돌아오는 실수를 하기 쉽다. 상대방은 아직 마음의 문을 열지도 않았는데 내가 하고 싶은 말만 쏟아내기 시작하면 상대방의 마음의 문은 점점 더 닫힐 수밖에 없다. 말하는 것은 잠시 멈추고 들을 마음을 가져야 한다.

여기서 주의할 점은 '경청하는 척'하지 않고 '진짜 경청'해야 한다는 것이다. 사람들은 상대방의 말을 듣는 행위 자체가 경청이라고 쉽게 착각한다. 진짜 경청은 상대방의 마음속에 함께 들어가야 가능해진다. 진짜 경청은 멋진 질문들로 이어지게 되고 상대방이 실컷 자신의 이야기를 내놓을 수 있는 상황을 만들어준다. 그런 상황이 조성되어야 그들이 나에 대한 경계심을 풀고 진정한 속마음을 이야기해준다. 바로 그때 진정한 소통이 이루어지는 것이다.

제대로 들을 준비를 하고 콜드콜 미팅에 가자. 상대방의 말을 통해 그들이 진정 원하는 게 무엇인지 찾아내려 힘쓰자. 그래서 결국 진짜 소통을 하고 오길 바란다. 그 소통에 모든 답이 있다. 콜드콜 미팅은 말하러 가는 게 아니라 들으러 가는 것임을 잊지 말기 바란다.

콜드콜로 연결된 고객 관리법

밖에서 옷 갈아입는 여자

2019년도 겨울이었다. '쑥뜸'이 사업 아이템인 자영업자와 콜드콜로 연결되었다. 콜드콜 기술이 더 좋아질수록 첫 번째 미팅만으로도 거래처가 생기는 경우가 더 잦아졌고 쑥뜸 사장과도 한 번 만에 거래를 시작하게 되었다. 사업장을 비울 수 없어서 내가 직접 쑥뜸 사장의 가게로 가야 하는 상황이 생겼는데, 여기서 예상치 못한 문제가 발생했다. 쑥뜸 냄새가 너무 강해서 입고 갔던 정장은 물론이고 머리카락을 비롯해 내 몸과 몸에 걸친 모든 것에 냄새가 밴 것이다.

쑥뜸 냄새는 담배 냄새와 비슷했다. 내가 맡아본 냄새 중 최악이었다. 쑥뜸 사장과의 미팅이 끝나고 다음 미팅이라도 있는 날에는 정말 입장이 난처했다. 상황을 모르면 아마 흡연실에서 3~4시간은 줄담배를 피고 온 사람으로 착각하기 딱 좋은 상황이었다. 안 갈 수도 없고 가자니 문제고 그렇다고 냄새가 싫다는 티를 낼 수도 없었다. 숨긴다고 했어도 아마 내 표정을 통해 불편한 속내가 비쳤을 것이다.

솔직히 원리 원칙대로 하면 쑥뜸 사장이 외부에서 나와 미팅을 해야 하는 것이라고 말하고 싶었지만, 먹고사는 문제가 걸린 사람에게 사업장을 내팽개치고 나오라는 말은 할 수 없었다. 더군다나 콜드콜로 연결된 거래처라 신뢰를 조금씩 쌓아가는 과정이었기 때문에 모든 것이 조심스러웠다.

결국 나는 특단의 조치를 내리기로 결정했다. 바로 냄새가 배도 타격이 없는 옷(정장은 세탁비가 많이 들기 때문에 타격이 크다)을 입고 가고 갈아입을 정장은 따로 챙겨가는 것이었다. 정말 내가 고객을 방문할 때 취하는 스타일이 아니었다. 매번 옷을 가져가는 것도 불편했지만 뭔가 프로답지 못한 느낌이 들어서 솔직히 내키지 않았다. 그러나 이제 막 시작된 거래에 쑥뜸 냄새 때문에 일을 그르칠 수 없는 노릇이었다.

"사장님! 혹시 옷을 좀 갈아입을 곳이 있을까요?"

내 말을 들은 쑥뜸 사장은 하하 웃으면서 화장실 옆 주방을 가리키며 "저기서 갈아입으세요"라고 말했다.

룰과 원칙을 깨자 쑥뜸의 깨달음이 왔다

그날 이후 나는 내 사업의 룰과 원칙을 조금씩 깨기 시작했다. 혼자 근무하는 사장이 손이 모자라 아등바등하는 것을 보고만 있지 않고 다 마른 수건을 개기도 하고 가끔은 기다리는 가게 손님들의 말동무가 되어주기도 했다. 누군가는 그 정도는 해줄 수도 있지, 라고 생각하겠지만 사업에서 원리 원칙을 따지는 나에게는 정말 큰 변화였다.

정장을 가져가기 시작한 이후로 쑥뜸 사장과의 거래는 더 잦아졌다. 쑥뜸 사장은 나를 믿고 이런저런 개인사를 이야기하기도 하고 "김 사장은 성격이 참 좋아"라며 칭찬을 아끼지 않았다. 가끔은 "김 사장님! 점심 안 먹었으면 와서 식사 같이 해요! 맛있는 거 싸 왔어요"라는 전화가 오기도 했다. 그리고 나에게 좋은 거래처를 소개해주고 싶다며 다른 곳을 연결해주기도 했다.

어느 날 집으로 돌아와 베란다에 걸어둔 쑥뜸 냄새가 가득 밴 옷을 보고 있으니 비즈니스에는 정답이 없다는 생각이 들었다. 사실 '줄 거 주고 받을 거 받으면 된다'라고만 생각했는데, 나는 안 줘도 될 것을 줬고 안 받아도 될 것을 받았기 때문이다. 쑥뜸 냄새와 함께 내가 얻은 깨달음이었다.

듣기 좋은 꽃노래도 한두 번이다

콜드콜로 연결된 고객들과는 신뢰가 제로인 상태에서 비즈니스를 시작하기 때문에 처음 현장은 살얼음판이다. 콜드라는 이름에 걸맞게 미팅 자리가 차갑고 냉랭하다. 오랜 세월 만나온 평생지기 친구는 조금 큰 실수를 해도 바다와 같은 마음으로 이해해줄 수 있지만, 콜드콜을 만난 인연은 신뢰를 쌓을 절대 시간이 부족하기 때문에 서로 넉넉한 마음을 갖기 쉽지 않다. 그럴 때일수록 상대를 품어주는 여유가 필요하다. 먼저 정을 내고 따뜻함을 내야 한다. 좀 손해를 보는 느낌이 들더라도 양보하고 배려해야 한다. 더군다나 상대는 나의 고객이 아닌가.

4년 전 콜드콜 미팅으로 인연이 된 50대 후반 여자 고객이 기억난다. 그 고객은 보증을 잘못 선 나머지 평생 모은 돈을 사기당해서 항상 울분에 차 있었다. 바보 같은 자신이 너무 싫다며 자책하기 일쑤였다. 사실 듣기 좋은 소리도 한두 번이지 여러 번 이야기를 반복해서 들으니 나도 사람인지라 살짝 짜증이 났다. 그 사람으로 인해 초반에 신규 매출이 많이 생겼기 때문에 솔직히 듣기 싫어도 들어주는 척만 했던 것 같다. 솔직히 결론도 안 나는 이야기를 듣는다는 것은 누구에게나 고역이 아닌가. 한편으로는 내가 너무 그 고객을 돈으로만 바라보는 것은 아닐까, 라는 생각이 들었다. 들어주는 척하는 게 아니라 기회가 되면 정말 집중해서 그녀의 이야기에 귀를 기울여야겠다는 생각이 들었다.

그러던 어느 날 그녀에게 전화가 왔다. 일 이야기로 시작하기는 했지만 아니나 다를까 다시 자신의 레퍼토리를 시작했다. 자신은 우울감과 화병을 이겨내려고 운동도 정말 열심히 하고 일도 정말 열심히 한다며 애써 태연한 척하는 그녀의 목소리를 듣고 있자니 갑자기 마음 한쪽이 짠해졌다. 그래서 이야기를 다 듣고는 이렇게 말했다.

"제가 봤을 때 누구라도 그런 상황이 되면 다시 마음을 회복하려고 스스로 노력하는 게 쉽지 않을 텐데 참 대단하신 것 같아요. 사기를 당한 건 사장님 잘못이 아니라고 생각해요. 사장님은 충분히 멋진 분이고 지금의 그 마음으로 앞으로 뭐라도 해내실 것 같아요."

좀 전까지만 해도 자기의 이야기를 하느라 바빴던 그녀가 조용해졌다. "여보세요?" 혹시라도 전화가 끊어졌나 싶어서 말을 걸자 전화기 너머로 훌쩍거리는 소리가 들렸다. 내가 그녀를 울린 것이다.

콜드(cold)가 가장 웜(warm)이 되기까지

4년이 지난 지금도 그 고객과는 거래가 이루어지고 있다. 최근 통화에서는 얼마 전에 손녀가 태어났는데 자기를 닮아서 너무 귀엽다며 좋아했다. 요즘 자신은 정말 많이 행복하다고 말하면서 덧붙였다. "민정 씨, 그때 내 이야기 들어줘서 고마웠어."

사람을 서로 알아가는 데는 시간이 걸린다. 특히 거래가 오가는 사이에는 상대방의 진짜 모습을 알아내기가 쉽지 않다. 물론 콜드콜을 통해 만난 사이라면 더욱더 어려울 것이다. 그렇다고 해서 콜드콜로 만나 고객을 알아가는 내 마음이나 고객을 대하는 나의 태도까지 차가워서는 안 된다. 어쩌면 콜드콜로 연결된 오늘의 고객이 5년, 10년이 지난 후에 나를 믿어주고 신뢰해주는 가장 웜

(warm)한 고객이 될 수도 있기 때문이다.

콜드가 웜이 되기 위해서는 내 마음이 먼저 따뜻하게 데워져야 한다. 단 한 명의 고객이라도 소중히 생각하고 감사하는 마음으로 먼저 마음을 내야 한다. 그 과정이 그리 쉽지만은 않겠지만 진심 어린 마음으로 먼저 마음을 내고 정을 낸다면 기꺼이 내 평생 고객이 되어줄 것이다.

콜드콜은 누군가와 연결되기 위한 도구일 뿐이다. 콜드는 항상 뜨거워야 한다. 그러니 콜드콜로 만난 고객을 대할 때는 그 어떤 마음보다도 따뜻해야 한다. 콜드콜을 통해 진짜 제대로 된 무한대 인맥을 갖고 싶다면 관계의 양보다는 관계의 질이 더욱 중요하다는 것을 반드시 기억하길 바란다.

4장

C l o s i n g

매출 100배 올리는 '클로징 기술'

고객의 지갑에서 신경을 꺼라

1회 체험의 늪

비즈니스에서 클로징은 보통 거래를 마무리하기 위해 결제가 이루어지는 단계라고만 생각한다. 그러나 "계약서에 사인하시죠"라고 말하며 단순히 상대를 밀어붙이는 것이 클로징이라고 생각한다면 당신은 '클로징 하수'다.

클로징의 하수는 치명적인 실수를 한다. 바로 고객의 신뢰를 잃는 것이다. 비즈니스에서 가장 중요한 것이 신뢰인데 그 신뢰를 잃는다는 것은 모든 것을 잃는 것과 마찬가지다. 그들은 조급한 마음으로 고객의 지갑에만 눈길을 두며 지갑이 열리는 데만 집착한다. 그런 클로징을 하면 결국 고객에게 속마음을 들키게 된다.

얼마 전에 바디 관리를 받고 싶어서 인터넷 검색을 하다가 찾게 된 가게에 전화했더니 "고객님, 일단 오셔서 상담 받으세요!"라고 하길래 대충 차려입고 방문했다. 가게 사장에게 바디 프로필 사진을 찍을 계획이라고 말했더니 "고객님! 그런 거라면 정말 제대로 찾아오셨어요! 제가 책임지고 관리해드릴게요!"라며 일단 한번 체험해보고 결정하라고 했다. 너무나 확신에 찬 목소리에 속는 셈 치고 관리를 받았다. 땀을 뚝뚝 흘려가며 스톤으로 전신 마사지를 해주는데 미안한 마음이 들 정도였다.

사실 미국 유학 생활에서 생활비를 벌기 위해 네일숍에서 일하면서 스톤 마사지를 해본 경험이 있었기 때문에 전신을 무거운 스톤으로 마사지한다는 것이 얼마나 힘든지 잘 알고 있었다. 결국 나는 그 한 시간 동안 나에게 쏟은 정성 어린 사장의 마음에 클로징이 되고 말았다. 그리고 거금을 결제했다.

문제는 다음 번 관리부터였다. 사장이 아닌 직원이 기계로 관리를 해주는 것이었다. 기계가 스톤보다 훨씬 열이 깊게 피부로 들어가서 효과가 좋다며 비싼 기계인 데다 여러 고객이 만족한다며 변명 같은 설명을 늘어놓았다.

내가 마음을 열고 거금을 결제한 이유는 바로 헌신에 가까운 스톤 마사지 때문이었는데 괜히 속은 기분이 들었다. 만약 처음부터 프로그램이 다양해서 스톤 마사지, 기계 마사지가 함께 병행될 수 있다고 이야기를 해줬다면 그런 마음이 들지는 않았을 것이다. 결국 첫 관리 이후 단 한 번도 스톤 마사지를 받지 못했다. 1회 체험 스톤 마사지는 단순히 고객의 지갑을 열기 위한 수단이었던 것이었다.

이처럼 오로지 고객의 지갑에만 관심이 있고 고객의 마음을 얻는 데는 관심이 1도 없는 사람은 클로징의 하수라고 생각하면 된다. 클로징은 나이트에서 처음 만난 사람과 원나잇을 하는 것 같이 본능에만 충실한 느낌을 주면 안 된다. 적어도 1년 사계절을 함께 지내면서 웃고 울고 싸우고 화해하면서 그 관계가 끈끈해지는 진실된 사랑 같은 느낌을 줘야 한다. 고객은 그런 사랑에 마음을 열고 기꺼이 클로징을 당해주기 때문이다.

클로징과 상관없는 이야기

3년 전 콜드콜로 만난 A고객이 다른 고객을 한 명 소개해주겠다고 전화를 해왔다. 일산에 사는 70대 여자친구인데 지금 관절염이 너무 심해서 외출이 좀 어려우니 직접 집으로 찾아갈 수 있겠냐며 물었다. 거리도 꽤 멀고 썩 내키지는 않았지만 그동안의 거래를 생각하면 부탁을 안 들어줄 수 없었다.

약속한 날짜에 도착을 하니 무릎이 아파 걷기도 힘든 우리 엄마뻘 되는 고객이 나를 맞이했다.

"어서 와요. 먼 길 온다고 수고했죠?"

"아, 아니에요. 별로 안 멀었어요."

사실 운전을 하고 고객의 집으로 오는 길에는 차가 엄청 막혀서 살짝 짜증이 났는데 실제 고객의 얼굴을 보니 잠시라도 그런 마음을 가졌던 순간이 좀 미안하게 느껴졌다.

설명하려고 준비했던 자료를 주방 식탁에 정갈하게 올려두고 하나둘씩 차근차근 상품에 대한 설명을 이어나갔다. 데이터를 보여주며 '이건 이래서 좋고 저건 저래서 좋다'라며 기승전결에 맞게 군더더기 없이 한참을 혼자 떠들다가 어느 순간 고객의 얼굴을 보니 전혀 관심이 없다는 것을 눈치챘다. 한 20분 안에 설명을 마치고 클로징을 하고 마무리하면 되겠다 싶었는데 아무래도 계획대로 되기 힘들 것 같다는 느낌이 들었다.

승산이 없는 전략은 과감히 버리는 게 낫다. 나는 설명하던 책자를 단칼에 덮어버리고 고객에게 "그런데 무릎이 언제부터 아프셨어요?"라고 물었다. 그제야 영혼 없이 내 말을 듣고 있던 고객이 나를 처음으로 제대로 쳐다봤다.

"내 무릎? 한참 썼으니 이제 고장날 때도 됐지, 뭐."

"그래도 아직 그렇게 나이가 많아 보이지 않으세요. 젊으실 때 인기 좀 있으셨겠는데요?" 내 말에 약간의 설탕을 발라 고객에게 선물했다.

"내가 좀 인기는 있었어요. 그러면 뭘 해? 다 늙어빠져서 이젠."

"에이, 저희 엄마도 무릎 많이 아프셨는데 좋아지셨어요. 관리하기 나름이더라구요."

무릎이 아팠던 70대 우리 엄마 이야기로 어색했던 고객과의 거리가 좁혀지기 시작했고 나는 고객이 우리 엄마라고 생각하며 이야기를 들어줬다. 이야기를 주거니 받거니 하다 보니 아들에게 서운했던 이야기, 남편의 뒷담화 등 속에 담아뒀던 많은 이야기를 마치 기다렸다는 듯이 쏟아냈다. 한참을 이야기하다가 "나도 이렇게 속에 있는 이야기 털어놓을 수 있는 딸이 있으면 참 좋겠어"라며 열심히 사는 모습이 참 보기 좋다고 말했다.

고객의 마음을 열어라

"아까 그 제품 카드로도 계산이 돼요?"

2시간 넘게 이야기가 이어져서 클로징은 애초에 포기하고 있었는데 고객은 갑자기 지갑에서 카드를 꺼내며 이렇게 말을 이어갔다. "내 친구가 소개했으니 나는 이런 설명 안 들어도 돼요. 오늘 여기까지 와서 늙은 사람 이야기 들어준다고 수고했어요. 오랜만에 젊은 사람과 이야기하니까 생기도 나고 참 좋네. 가끔 놀러와요."

괜히 울컥해졌다. 고향에 있는 엄마가 생각이 났다. 머리로만 클로징을 하려고 했던 내가 부끄러워졌다. 돌아오는 차 안에서 일산 고객이 내 손에 쥐어준 호박고구마를 꺼내 먹으며 오랜만에 엄마에게 전화를 했다. 그날의 70대 고객과의 미팅을 통해 결국 클로징은 현란한 말솜씨로 고객의 지갑을 여는 마법을 부리는 것이 아니라 따뜻한 공감과 소통으로 고객의 마음속으로 들어가는 일임을 깨닫게 되었다. 고객은 언제나 마음을 열 준비가 되어 있다는 사실을 알아야 한다. 그런 고객의 마음을 알아채지 못하게 되면 자신의 화려한 말발이나 똑똑한 머리로만 승부를 거는 실수를 하게 된다.

클로징의 고수들은 고객의 마음은 마음으로 열린다는 것을 잘 안다. 그래서 고객이 진정 원하는 것이 무엇인지, 그들의 마음에 혹시나 상처는 없는지, 어떤 마음으로 세상을 바라보는지 궁금한 척하는 게 아니라 진심으로 고객의 삶에 대해 궁금해하는 진정성으로 늘 무장하고 있다.

고객의 지갑에는 신경을 꺼버리고 고객을 내가 가장 소중히 생각하는 사람을 대하듯 하라. 그러면 고객은 당신에게 마음을 선물할 것이다. 클로징은 그 선물에 딸린 사은품처럼 자연스럽게 따라올 것임을 반드시 기억하길 바란다.

고객은 거짓말쟁이다

사람들은 모두 거짓말쟁이다. 아무리 속상해도 "괜찮다"고 말하고 상대방의 칭찬에 속으로는 수긍하면서도 "아, 과찬이세요"라고 하지 않는가? 비즈니스 현장은 더욱 가관이다. 모두가 거짓말을 밥 먹듯 한다. 특히 고객은 거짓말의 끝판왕이다. 속마음을 절대 들키지 않으려고 온갖 술수를 쓴다. 좋으면서 싫다고 하고, 안 바쁘면서 바쁘다고 하고, 돈이 있으면서도 없다고 하고, 마음에 들면서도 잘 모르겠다고 한다. 때로는 지금 당장 결정할 수 있으면서도 시간을 달라고 하고, 싸다고 느끼면서도 비싸다고 한다. 이 정도면 사기 수준이다.

이런 거짓말쟁이들에게 클로징을 하는 것이 나도 처음에는 쉽지 않았다. 그러나 전국 방방곡곡을 돌아다니며 그들에게 오랜 시간 사기를 당하고 보니 절대 나한테만큼은 거짓말을 할 수 없게 만드는 기술을 만들어냈다. 이 기술은 사실 90% 이상의 승률이 있다. 그 어떤 타입의 고객도 피해갈 수 없는 클로징 기술! 바로 벌거벗기다.

말로 안 되니 이제 몸으로 때우기라도 할 셈이냐고 생각했다면 오해하지 말기 바란다. 물론 얼굴이 화끈거리는 19금 이야기는 아니지만, 사실 고객의 얼굴을 화끈거리게 만들 수도 있는 저돌적이고 노골적인 방법이기는 하다. 오랜 삽질을 통해 얻은 일명 '먹히는' 기술이니 힌트를 얻어 잘 활용하길 바란다.

우선 '벌거벗는다'는 의미는 '겉도는 이야기를 하지 않는다'는 뜻이다. 고객은 본능적으로 클로징을 당하길 원하지 않기 때문에 처음에는 자신의 속마음을 절대 내비치지 않는다. 그래서 처음 그들이 내뱉는 거짓말에 집착할 필요가 없다. 마음속으로 그냥 '아, 거짓말이 시작되었구나'라고 생각하며 거짓말에 적당히 속아주는 척하면 된다. 겉도는 이야기가 반복되고 일이 진행되지 않는 것 같다는 느낌이 드는 타이밍에 화끈하게 옷을 다 벗어주면 된다.

내가 먼저 벗으면 고객도 벗을 수밖에 없다

3년 전 콜드콜로 연결된 체형교정숍이 생각난다. 부부가 운영하는 곳이었는데 내가 처음 전화를 했을 땐 남편이 전화를 받았고 콜드콜 미팅이 잡혔다. 첫 미팅에서 꽤 소통이 잘되어 2차 미팅을 잡게 되었다. 이틀 후 다시 만나기로 해서 숍을 방문했는데 그날은 아내도 함께 있었다. 그런데 분위기가 왠지 냉랭했다. “아내 분은 처음 뵙네요. 반갑습니다.” 다소 살벌한 분위기를 깨보려고 평소 잘 안 쓰는 ‘솔톤’으로 인사를 건넸다. “아, 네. 그런데 저희는 말씀하시는 사업에 관심이 없어요.”

쌀쌀맞은 표정만큼이나 쌀쌀맞은 첫 번째 거짓말 멘트가 나에게 무섭게 날아왔다. 엊그제 온 숍이 맞나 싶을 정도로 분위기를 180도 바뀌어 있었다. 남편은 먼발치에서 아내의 눈치만 살살 보고 있었다. 그 순간 그 숍의 실세가 누구인지 분명해졌다. 상황을 대충 파악하고 있는데 두 번째 공격이 들어온다. “저희가 요즘 좀 바빠서 다른 사업을 생각할 겨를이 없어요.”

이런 거짓말에 넘어갈 내가 아니다. 나도 적당하게 거짓말이 섞인 멘트를 날렸다. “제가 원래 여자 사장님과 이야기가 잘 통하는데 첫날 함께 계셨으면 아마 오늘 같은 말씀은 안 하셨을 거예요.”

그러자 아내는 예상했단 듯이 여유로운 얼굴로 마지막 한 방을 날린다. “조금 있으면 예약이 있어서요. 저희가 좀 바쁘네요.”

‘자, 이때다!’

“혹시 남편 분이 아내 분 허락 없이 저와 미팅을 잡아서 화가 나셨어요?” 그게 그녀의 진심이라는 것을 직감했고 더 이상 물러설 곳도 없어서 나는 과감하게 옷을 벗어버렸다. 겉도는 대화를 빨리 끝내야 한다. 가장 원초적이고 저돌적인 질문을 던져서 더 이상 시간을 낭비하지 말아야 한다. 겉도는 이야기만 하기에는 인생이 너무 짧지 않은가?

"네? 그게 아니고요, 그냥 관심이 없어서 그래요." 아내는 당황한 눈치였다. 한 5년쯤 만난 친구 정도는 되어야 할 법한 매우 솔직한 질문을 생판 모르는 남이 하니 당연히 당황할 수밖에 없었을 것이다. 당황한 고객을 가만히 두는 것은 프로의 태도가 아니다. 나는 살짝 미소를 띠며 당당하고 담백하게 이렇게 이야기했다.

"사장님, 저라도 사업을 함께 운영해나가는 입장이라면 미리 상의해서 결정하지 않은 미팅이 별로 내키지는 않을 것 같아요. 그런데 저라는 사람을 알게 되면 아마 남편 분이 이 미팅을 잡았던 것을 잘했다고 칭찬하실 수도 있어요. 저에게 딱 10분만 시간을 내주세요. 저는 단호한 사장님이 참 마음에 드네요. 사업가세요."

아내의 표정을 보니 사회적 거리두기 4단계쯤 되었던 눈빛이 2단계쯤으로 감축된 듯했다. 그리고 앉지도 못하고 입구 근처에서 있던 나에게 상담 테이블 의자를 가리키며 이렇게 말했다.

"일단 여기 좀 앉으세요. 이이가 귀가 좀 얇아서 지난번에도 우리가 크게 사업에 실패한 적이 있어요. 아침에 이야기를 전해 듣고 티격태격 좀 했어요."

내가 옷을 벗으니 그녀도 옷을 벗었다. 3년이 지난 지금도 거래는 잘 이루어지고 있다. 거래를 시작하고 한 1년쯤 되었을 때 부부의 식사 초대를 받기도 했다.

솔직하고 담대하게 묻자

8개월 전 한 고객이 유튜브를 보고 연락을 했다. 결국 그녀는 나와 연결되어 내가 운영하는 커뮤니티 멤버가 되었다. 그녀를 한 달쯤 지켜보니, 이리 보고 저리 봐도 완전한 '프로'였다. 그 자신이 이미 초보 사업가 퍼스널 브랜딩, 카드뉴스 마케팅 등을 개인적으로 코칭한 경험도 있고, 몇 년 전에는 마케팅을 주제로 책도 출간한 저자였다. 자신의 콘텐츠도 확고하고 책까지 출판한 이 친구가 내 커뮤니티의 문을 두드린 진짜 마음이 궁금해졌다.

어느 날 그 친구와 통화를 할 기회가 생겨 이야기 중에 내가 물었다. "사장님, 정체가 뭐예요? 나에게 원하는 게 뭐예요?" 어김없이 나부터 옷을 벗어던졌다. 질문이 저돌적이라고 말투까지 진짜 저돌적이면 안 되기에 말에 구수한 경상도 사투리를 섞고 너털웃음 몇 방을 넣어서 그 친구에게 보냈다. 그러자 그 친구도 불편한 기색 없이 프로답게 옷을 기꺼이 벗었다.

"아, 저는 진짜를 찾고 있었어요. 대표님 유튜브를 봤는데 약간 빙구 같은 느낌도 들고 쭉 영상을 보니까 이 사람은 진짜구나 싶어서 연락드린 거예요. 그동안 사람들에게 많이 속고 사기도 당하고 해서 믿을 만한 사람을 찾고 있었거든요."

나보다 나이가 어린 친구가 이렇게 단단해지기까지 참 마음 고생이 많았겠다 싶어 괜히 마음 한쪽이 묵직해졌다. 차분하고 무덤덤한 그녀의 말에서 사람에 대한 깊은 상처를 느꼈다. 나를 '진짜'라고 말해주는 그녀의 믿음이 맞았다는 것을 시간 안에서 꼭 증명해주고 싶었다. 지금도 그 친구는 우리 커뮤니티에서 적극적으로 활동하며 프로다운 태도로 커뮤니티의 건강한 문화를 함께 만들어가고 있다.

신뢰가 없는 상태에서 처음 보는 사람에게 진심을 먼저 내는 고객은 없다. 그러니 고객의 말만 믿고 있어서는 안 된다. 애매한 상황이나 이해되지 않아 괜한 오해가 생길 만한 상황들은 그냥 덮고 대충 넘어가서는 안 된다. 그럴 때는 좀 불편하고 어색할 수도 있지만 내가 먼저 솔직해져야 한다. 그러면 상대방의 진심이 드러나게 되어 있다. 괜한 예의만 차리고 마음에도 없는 소리만 주고받다가는 제대로 된 거래가 이루어질 수 없다. 내 비즈니스에 자신이 있다면 고객에게 먼저 솔직하고 진실된 말을 건네는 용기가 있어야 한다. 클로징은 절대 겉도는 이야기에서 이루어질 수 없다는 것을 반드시 기억해야 한다. 그러니 먼저 벌거벗는 데 주저하지 말기 바란다.

정답을 찾지 '않는', 기술을 써라

무질서가 질서다

나는 두 딸의 엄마다. 두 아이 모두 네 살 때부터 미술학원에 보냈다. 우선 불필요한 조기 교육에 열을 올리며 쓸데없는 돈을 쓰는 엄마 유형은 아님을 미리 밝혀둔다. 또한 학교 교육이 다가 아니라는 확고한 생각을 가지고 있고 학교의 100점 시험지에는 1도 관심이 없는 엄마다.

예전에 초등학생 아이들 영어 과외를 한 적이 있다. 한번은 3학년 쌍둥이 형제를 맡게 되었는데, 특정 주제로 토론식 수업을 하다가 각자의 생각을 한번 그림으로 표현해보라는 과제를 줬다. 아이들이 한 치의 망설임도 없이 10분 만에 그려낸 그림을 보고 깜짝 놀랐다. 마치 영화 시놉시스를 그림 하나로 표현한 듯한 느낌이 들었기 때문이다.

"너희 미술학원 다니니?" 이 질문을 할 수밖에 없

는 그림이었다. “네, 저희 어릴 때부터 다녔어요.” 그날 바로 쌍둥이의 엄마에게 전화를 걸어 미술학원에 대한 대략적인 정보와 연락처를 알아냈다. 정말 그 학원이 궁금해졌다.

학원 원장과 바로 약속을 잡아 미술학원에 갔다. 우선 학원의 인테리어를 보니 칸막이가 하나도 없고 그냥 오픈 공간에 큰 라운드 테이블이 2개가 있었다. 아마 거기서 그림을 그리는 것 같았다. 자유분방하고 무질서한 느낌을 주는 분위기에 네 살짜리 아이를 둔 엄마답게 이렇게 먼저 물었다, “원장님, 이렇게 공간이 오픈되어 있으면 애들이 산만해지지 않나요?” 원장은 여유로운 웃음을 띠며 이렇게 말했다. “그럴 것 같다고 걱정하시는 부모님들이 많은데 아이들만의 질서가 자연스럽게 잡혀요.”

‘아이들만의 질서’와 ‘자연스럽게’라는 키워드가 내 뒤통수를 쳤다. 질서 있는 공간이 질서를 만들고, 통제 안에서 질서가 잡힌다는 내 생각이 한순간에 선입견으로 전락하고 말았다. 2시간 넘게 대화를 나누면서 내가 가진 프레임에 아이들을 그동안 가두고 키우지는 않았는지 반성하는 계기가 되었다. 그날 이후로 나는 두 아이를 7년간 그 미술학원에 맡겼다.

범죄와의 전쟁

작년 10월에는 ‘엄마 학교’라는 프로젝트를 진행하면서 그 미술학원 원장을 특별 게스트로 초대했다. 아이들의 교육에서 부모의 올바른 교육관이 중요하다는 것을 믿고 있었기 때문이었다. 그날 원장의 이야기 중에 가장 기억에 남는 말이 있다. “아이들이 색칠 공부할 때 선 밖으로 튀어나오게 색칠하면 선 밖으로 튀어나오지 않게 칠하라고 하는 어머니들이 있어요. 상상력을 가지고 자신의 마음과 생각을 자유롭게 표현하며 자라야 하는 아이들에게 선 안에 색칠하는 게 맞다는 생각을 집어넣는 것은 범죄행위입니다.”

과연 우리는 가해자일까? 어쩌면 우리가 정답만을 강요당하며 살아온 주입식 교육의 첫 번째 피해자일지도 모른다. 자유로운 토론은 고사하고 뻔한 대답과 질문이 오가는 환경에 오랜 시간 노출되다 보니 아이들에게도 그런 범죄를 생각 없이 저지르고 있을 수도 있다. 원래 피해자가 후에 가해자가 될 확률이 큰 법이니까.

정해진 답에 멋진 생각이 따라올 수는 없다. 특히 비즈니스의 세계는 정해진 답과 룰이 없기 때문에 틀에 박힌 생각으로는 멋진 사업가가 될 수 없다. 고객은 멋진 사업가를 항상 기다린다. 그런 사업가가 만드는 제품과 서비스에 관심을 준다. 그런 고객들은 시간이 흘러 단순한 고객을 넘어서 찐팬이 될 수도 있다. 찐팬을 클로징하는 것은 매우 쉬운 일이다.

따라서 우리의 생각을 가둬서는 안 된다. 상대를 클로징하기 위해서는 내가 가진 생각부터 달라야 한다. 세상을 모 아니면 도로 보는 이분법적인 사고를 가진 사람을 좋아할 고객은 없다. 유연한 사고와 언제든 세상과 소통할 준비가 되어 있고 트렌드에 민감한 자유로운 영혼을 갖도록 노력해야 한다. 색칠 공부를 할 때 선을 훨씬 넘어서서 마음껏 색칠해도 틀린 것이 아니라는 마음을 스스로에게 허락해야 한다. 틀려도 된다고, 실패해도 된다고, 정답은 없다고 마음속으로 소리쳐야 한다. 그래야 클로징 고수에 가까워질 수 있다. 더 늦기 전에 범죄와의 전쟁을 선포할 때다.

틀에서 벗어나 자기만의 색깔로 날아오른 '파일럿 조'

2년 전 나와 연결된 고객이 있다. 50대 후반의 남자인 이 고객은 20년 넘게 공무원으로 일했다. 몇 번의 소통만으로도 오랜 시간 뿌리 박힌 공무원의 근면 성실함이 그의 온몸 구석구석에 배어 있음을 쉽게 알 수 있었다. 퇴직 후 자신의 인생 2막을 어떻게 살아야 할지를 항상 고민하던 과정에서 개인 브랜딩과 1인 기업을 코칭하는 나와 연결된 상황이었다.

비즈니스와는 담을 쌓고 살았던 그에게 내가 준 모든 과제가 도전이었다. 특히 자신만의 개성 있는 색깔을 나타내야 할 때마다 힘들어하는 모습을 보였다. 처음에는 아무 주제로 유튜브 영상을 한 번 찍어보라고 하니 책상에 정자세로 앉아 캡모자와 선글라스를 쓴 채 굳은 표정으로 어렵게 영상을 찍어 올렸다. 다, 나, 까로 끝나는 말투 때문에 군대 조교로 착각하기 딱 좋은 영상이었다.

나는 그에게 항상 엉뚱한 영상을 올려보라고 말했다. 바보 같은 영상, 웃기기로 작정한 영상도 괜찮다고 했다. 어차피 정답이 없다고 사업가는 엉뚱한 시도를 많이 해봐야 한다고 꼬셨다. 그에게 엉뚱해지는 것은 다른 사람이 되라는 말과 같았다. 아이들에게는 엉뚱해지라는 말이 가장 쉬운 요구 사항이겠지만, 그에게만은 세상에서 가장 어려운 일이었다.

그렇게 꾸준하게 엉뚱함과 틀림을 끈질기게 요구하던 어느 날 커뮤니티 온라인 카페에 그의 영상이 하나 올라왔다. 파일럿 복장을 하고 선글라스를 낀 남자가 문을 열고 들어와서 카메라를 응시하며 브이를 날리고 싱겁게 문 밖으로 나가는 행위를 3번 반복한 영상이었다. 2배 속 영상이라 더 임팩트 있고 강렬했다. 혼자 그 영상을 보면서 얼마나 웃었는지 모른다. 그가 스스로의 틀에서 벗어나는 용기를 가지게 되었다고 생각하니 정말 기뻤다.

요즘 새벽독서 모임에서 그의 눈빛은 180도로 달라져 있다. 꽤 자신만의 색깔을 고민한 흔적이 보인다. 요즘 그가 올리는 영상의 도입부에는 "안녕하세요? 파일럿 조입니다"라며 닉네임을 보는 사람에게 각인시키는 여유도 보인다. 얼마 전에는 자신의 퍼스널 브랜딩을 위해 출판사와 계약을 하고 책쓰기에 돌입했다. 파일럿 조가 멋진 비행을 위해 날갯짓을 시작했다. 그는 이제 꽤 멋있는 사업가가 되어가고 있다.

내가 그린 기린 그림을 그리자

자신이 만든 틀에서 벗어나는 일은 사실 정말 어렵다. 그러나 누군가를 클로징하기 위해서는 유연한 자세가 필요하다. 때로는 틀리고 엇나가고 엉뚱해지자. 그동안 내가 만들어온 틀에 나를 가둬왔다면 과감히 그 틀을 벗어던지자. 그러면 다양한 고객을 대할 수 있는 마음의 여유가 생기기 때문에 클로징이 더욱 유리해진다. 정답을 찾으려고 하지 말자.

어릴수록 틀이 없다. 기린을 그린 네 살 아이의 그림은 전혀 기린의 생김새와 맞지 않다. 그러나 네 살 아이에게 그 기린은, 내가 그린 기린 그림이다. 다음날 또다시 기린을 그려보라고 하면, 그날의 기린은 또 다른 기린으로 탄생한다. 틀에서 벗어난 자유로운 기린이 아이의 도화지에서 춤을 춘다. 이 아이에게는 기린에 대한 정답이 없기에 가능한 일이다.

클로징에는 '굳이' 정답이 없다. 없는 정답을 찾지도 말자. 정답이 '없는' 것이 정답이라는 생각으로 클로징에 도전하다. 그것이 네 살짜리 꼬마에게서 우리가 배울 수 있는 클로징의 기술이다.

섹시한 질문을 하라

현장 경험이 질문의 질을 높인다

클로징은 상대방의 마음을 읽고 그들이 원하는 것이 진정 무엇인지 알아내는 하나의 예술이라고 해도 과언이 아니다. 그들의 니즈를 정확하게 파악해내고 그들이 가려워하는 부분이 어디인지 알아내야 한다. 그러기 위해서는 질문을 통해서 그들과 소통할 줄 알아야 한다. 가령 행동이나 눈빛 같은 비언어적인 것들을 통해서도 원하는 것을 알아낼 수도 있겠지만, 가장 직접적으로 그들과 마음을 알아낼 수 있는 것은 바로 질문이다. 질문만 잘해도 클로징에 성공할 수 있다.

스티브 잡스는 펩시의 최고 경영자였던 존 스컬리를 영업하기 위해 뼈 때리는 질문을 던졌다.

"설탕물이나 팔면서 남은 인생을 낭비하고 싶습니까? 아니면 나와 함께 세상을 바꿔보고 싶습니까?"

결국 존 스컬리를 클로징했다.

이처럼 클로징의 고수가 던지는 질문은 예술이다. 상대방을 생각하게끔 하는 질문을 한다. 전화를 끊고도 한참 동안 생각나는 질문, 잠들기 전에 천장을 바라보면서 한번 더 떠올리게 하는 질문 등은 매우 좋은 질문이다. 멋진 질문 하나는 다른 사람의 인생을 바꿔놓을 수 있을 정도로 강력한 에너지를 지닌다.

멋진 질문을 하루아침에 만들어낼 수는 없다. 현장 경험도 많아야 하고 독서를 통한 충분한 배경 지식도 쌓아야 한다. 많이 알수록 질문이 '섹시해'진다. 여기서 많이 안다는 것은 책이나 세미나에서 배우는 지식만이 아니다. 충분한 현장 경험을 통한 산지식이 결합되어야 질문이 깊이 있어진다. 그렇기 때문에 질문을 잘하려면 말발만 키우는 우를 범해서는 안 된다. 여기저기서 들은 유튜브 콘텐츠를 조합하고 책에서 나온 이야기를 조합해봤자 결국 말만 번지르르한 사기꾼이 될 확률이 높다.

스티브 잡스가 존 스컬리에게 한 질문에는 잡스 자신이 현장에서 얼마나 많은 고민과 시행착오를 거쳤는지가 고스란히 드러난다. 현장 경험이 흘러넘칠 때가 되어야 비로소 저런 자신만만하고 당당하며 상대를 압도하는 '오만한' 질문이 나올 수 있다. 아무나 스티브 잡스가 될 수 없는 이유다.

적반하장도 유분수지

얼마 전 여덟 살, 네 살 아이를 둔 30대 가정주부 A가 유튜브를 보고 연락했다며 나와 '연결'이 되려면 어떻게 하면 되냐고 물었다. 퍼스널 브랜딩에 관심이 있는데 어디서부터 무엇을 시작해야 하는지 감이 오지 않는다며 도움을 받고 싶다는 이야기였다. 프로그램이 어떻게 되는지 새벽독서 모임에 참석하려면 어떻게 해야 하는지 등 이런저런 질문이 쏟아졌다.

대답할 질문이 많았지만 나는 대답 대신 질문을 했다.

"왜 퍼스널 브랜딩에 관심이 있으세요?"

고객의 니즈를 파악하는 것은 기본 중에 기본이다. 만약 여기서 A의 질문에 대답한다면, 그것은 마치 재래시장에서 고등어 가격을 묻는 손님에게 "오천 원이에요"라고 대답하는 것과 다름없다. 사업은 물건을 돈으로 주고 파는 데만 의미를 두는 '장사'와는 다르다. 사업의 본질은 상대방의 진짜 문제를 찾아내서 나와 제대로 연결시키는 것임을 깨달아야 한다.

질문이 다른 질문으로 돌아와서 약간 당황스러워하는 눈치였지만 A는 성의 있게 대답했다. "돈을 벌고 싶어서요." 이쯤이면 슬슬 본 게임이 시작되었다는 이야기다. 그럼 조금 과감하게 질문해도 된다. "돈을 왜 벌고 싶으세요?" "아, 제 남편이 지금 사업을 하는데 그 일이 정말 몸이 망가지는 일이거든요. 이제 아이들도 좀 키워놨으니 저도 무언가를 좀 시작해서 미래를 함께 준비해야겠다는 생각을 했어요."

나와 연결하고 싶은 이유는 바로 가족을 지키기 위해서였다. 남편의 어깨 위에 올라간 짐을 조금이라도 덜어주기 위해서, 아이들의 미래를 함께 지키기 위해 돈이 필요하다는 이야기였다.

아마 나도 그런 질문은 할 수 있겠다고 생각할 수 있겠지만 실제 어떤 마음으로 그런 질문을 하느냐가 중요하다. 마음의 퀄리티가 질문의 퀄리티를 결정하기 때문이다. 우선 질문을 통해 상대방의 진짜 문제를 찾아내서 내가 도움을 줄 수 있는 부분이 있을까 고민하는 마음, 상대방을 아끼고 배려하는 마음이 바닥에 깔려 있어야 한다. 도움을 줄 수 있겠다는 생각이 들면 내가 먼저 결단을 해야 한다. 반드시 이 사람에게 도움이 되는 사람이 되겠다고 결단을 내리는 것이다. 그런 결단이 서면 질문에 책임 한 스푼을 넣어서 상대방에게 보내야 한다.

"제가 당신을 선택해야 하는 이유는 뭐죠?"

적반하장도 유분수다. 고객이 기꺼이 되어주겠다는 사람에게 '내가 왜 너를 고객으로 맞아야 하냐?'는 이야기를 하니 상대방이 얼마나 황당하겠는가?

질문이 항상 질문은 아니다

앞서 던진 질문의 진짜 의미를 알면 이야기가 180도로 달라진다. '당신을 왜 선택해야 하나?'라는 질문은 곧 '당신을 내가 선택하겠다는 결단을 내리면 나는 당신을 책임질 것이다'라는 말과 같다.

진정한 공급자 마인드를 가진 사업가는 고객의 문제는 곧 내 문제라고 생각하는 책임감을 가질 줄 알아야 한다고 생각한다. 따라서 내 서비스를 소비하겠다는 고객의 '결단'보다 나를 통해 문제를 해결하려는 고객을 책임지고 돕겠다는 사업가의 '결단'이 훨씬 더 강해야 한다고 믿는다.

고객을 책임지겠다는 결단이 질문의 형태로 전달될 때 클로징의 성공 확률은 매우 높아진다. 질문이 때로는 질문이 아니라 결단이 될 수도 있다는 사실을 알아야 한다. 책임감이 꽉 찬 질문만큼 섹시한 질문은 없다.

이처럼 클로징과 연결되는 섹시한 질문을 잘 하기 위해서는 눈앞의 이익을 잠시 내려놓고 자신이 클로징하려는 사람에게 몰입하고 집중해서 그 사람에 대해 진심으로 알고 싶어 해야 한다. 상대가 가진 문제가 무엇인지 알아내기 위해 애를 써야 한다. 질문에 질문이 꼬리를 물고 길게 늘어져야 한다.

사람 사는 일의 본질은 항상 같다. 우리 모두는 사랑하는 사람들을 지키고 싶어 하고, 건강하고 행복하게 살기 원한다. 세상에는 그런 마음을 미끼로 사기를 치는 나쁜 사람도 많고 정말 책임감을 가지고 사람을 진짜 돕고자 하는 사람도 많다. 겉으로 봤을 때는 그 두 부류의 사람들을 구별해내는 것이 쉽지는 않다. 고객은 항상 자신의 선택이 최선이길 바라며 미로 같은 세상 속에서 항상 멋진 제품을 찾고 제대로 된 서비스를 찾고 멋진 사람을 찾는 것을 멈추지 않는다.

질문이 다소 직설적이고 결이 거친 느낌이 나도 고객은 상대가 나를 지켜주려고 하는 사람인지, 그렇지 않은 사람인지 본능적으로 알아낸다. 그러니 질문의 내용에만 집중하지 말고 질문을 하는 내 마음에 집중해보자. 정말 내가 어떤 마음가짐으로 고객을 대하는지 집중하고 또 집중해보자. 섹시한 질문을 하는 고수로 거듭나보자. 올바른 윤리 의식을 가지고 고객이 지키고자 하는 것을 소중히 여기는 사람은 반드시 섹시한 질문을 만들어낼 수 있다.

무엇을 잃을지 상상하게 하라

다 너를 사랑하니까 그런 거야

사람들은 얻는 것보다 잃는 것에 민감하다. 그럼에도 불구하고 클로징의 하수들은 자신의 상품과 서비스를 선택했을 때 무엇을 얻을 수 있는지에만 열을 올리고 설명하느라 바쁘다.

많은 사람들이 이런 실수를 한다. 고객 중심이 아닌 나 중심의 설명 늘어놓기. 그것이 곧 고객을 위한 길이라고 확고하게 생각하기 때문일 것이다. 내가 고객을 사랑하니까, 내가 고객을 진심으로 위하고 있으니까 당연히 고객도 내 진심을 알아들을 것이라고 생각한다. 그런 이유에서 고객이 상품을 선택해서 얻을 수 있는 100가지 이유를 짜내는 데 여념이 없다. 정작 상대방에 대해서 궁금해하지도 않은 채로 상대가 이 상품을 사용했을 때 어떤 혜택이 있는지 이야기하는 데만 1시간을 넘게 쓴다. 과연 고객은 나의 '진심'을 알아줄까? 아마 어떤 핑계를 대서라도 그 자리에서 도망가고 싶어 할 것이다.

과거에 나도 한때는 누군가를 도망가고 싶게 만드는 사람 중 한 명이었다. 미팅 하루 전이면 내 상품의 우수성을 증명하기 위해 방대한 자료를 준비하느라 바빴다. 그리고 어떻게 설명을 해야 좋을지 시뮬레이션을 해봤다. 때로는 내 목소리를 녹음해서 들으면서 셀프 피드백을 해나갔다. 고객이 절대 빠져나갈 수 없는 미로를 만들었다고 확신할 때야 잠을 청했으니 그 장면을 고객이 몰래 훔쳐봤다면 아마 다음 날 미팅에 나타나지 않았을 수도 있었을 것이다.

오전 11시에 만나기로 한 고객이 저 멀리서 걸어 들어왔다. 머리에서 발끝까지 스캔을 해보니 좀 털털한 성격의 소유자일 것 같다는 생각이 들어 왠지 마음이 놓였다. 깐깐한 고객은 누구나 다루기 어려운 법이니까. 커피를 시키고 앉아 아이스 브레이킹을 대충 하다가 어제 준비했던 자료를 테이블 위에 올려놓기 시작했다. 좀 전까지만 해도 하하 웃으며 이야기를 하던 상대방의 얼굴이 조금씩 굳어가는 것 같았지만, 그것은 고객이 상품의 우수성을 모르기 때문이라고 혼자 결론지었다.

"저기, 이 자료 설명하시려고 준비하신 거예요?"

"네, 그럼요. 고객님께서 잘 이해하실 수 있어야 하니까요." 이 말을 하는 순간 어깨가 좀 올라가는 것 같았다. 스스로 프로답다는 생각이 들면서 내 자신이 좀 멋지게 느껴졌다.

1시간의 독주

그때부터 숨도 쉬지 않고 준비한 대로 고객 앞에서 멋진 설명을 이어나갔다. 내가 제시하는 솔루션이 선택했을 때 얻을 것을 나열하는 데 무려 1시간이 걸렸다. 성격 좋은 고객은 중간 중간에 고개도 끄덕여주고 “아, 그렇구나”라는 추임새도 넣어주며 나의 독주를 막지 않았다. 경청하는 듯한 고객의 얼굴을 보니 내 이야기가 잘 먹히고 있구나 싶어서 신이 났다.

고객이 경청한다는 것은 그리 좋은 신호는 아니라는 것을 그때는 몰랐다. 마음속으로는 아마 그 자리를 어떤 핑계를 대고 도망가야 하는지 생각해내느라 바빴을 것이다. 혹은 “내가 왜 여기를 왔을까”라며 자신을 자책하고 있었을지도 모른다. 동상이몽은 이런 경우를 두고 하는 이야기일 것이다. 그런 고객의 마음도 모르고 내 설명에 내가 반해서 원맨쇼를 하고 있었던 그때의 나를 떠올리면 지금도 얼굴이 화끈거린다.

1시간 독주의 대단원의 막이 내렸을 때 이미 내 커피는 차갑게 식어 있었다. 그제야 고객의 얼굴이 제대로 보였다. 분명 처음 봤을 때만 해도 웃으면서 이야기를 나눴던 그 사람이 맞나 싶을 정도로 얼굴빛이 좋지 않았다. 열정을 쏟은 것은 나인데 정작 고객이 훨씬 지쳐 보였다.

“설명 잘 들었어요.”

그 말 한마디를 남기고 고객은 바쁜 일이 있다면 먼저 자리를 떠났다. 그 이후로 그 고객을 다시 볼 수 없었다. 그때는 이렇게 좋은 상품을 왜 선택하지 않는지 이해되지 않았다. 혜택이 이렇게 많은데 바보같이 선택하지 않는 고객이 한심하다는 생각마저 들었다. 정작 한심한 사람이 나인 것을 그때는 알지 못했다.

설명하지 말고 상상하게 하라

내 중심의 설명, 늘어진 설명, 고객에게 쏟아붓는 혜택. 진짜 멋진 클로징을 하고 싶다면 이런 것들은 과감히 버릴 줄 알아야 한다. 재활용도 되지 않으니 그냥 쓰레기봉투에 묶어서 과감히 버리자. 고객에게 눈을 돌려야 한다. 그들이 가진 진짜 문제부터 파악하고 당신이 제시한 것을 선택하지 않았을 때 잃을 수 있는 것을 상상하게 해야 한다.

사람들이 공통적으로 잃고 싶지 않아 하는 것은 바로 시간과 돈이다. 그렇기 때문에 그들에게 시간과 돈을 잃게 되면 발생할 일들을 상상하게 하면 좋다. 사람들은 대부분 오늘을 산다고 바빠서 곧 들이닥칠 내일에 대해서는 걱정하지 않는 경우가 많다. 고객의 시간과 돈이 마치 내 것인 양 고객의 입장에서 잃은 것이 무엇인지 계산기를 두드려줘야 한다.

얼마 전 내가 리딩하는 새벽독서 모임에서 '클로징'을 주제로 이야기를 나눴다. 클로징이 무엇인지 탁상공론하는 것보다 한번 클로징을 시뮬레이션해보는 게 가장 빠른 방법임을 알았기 때문에 새벽독서 모임을 누군가에게 클로징 해보자고 제안했다.

예상대로 대부분 사람들이 새벽독서 모임의 혜택을 나열하기 시작했다. 어떤 점이 좋고 자신은 어떤 혜택을 받았으니 당신도 함께하자는 식의 뻔한 이야기. 모두의 퍼포먼스가 끝날 무렵 소리를 좀 높여 말했다. "오늘 매출은 0입니다." 전혀 감을 잡지 못하는 사람들을 위해 내가 나서야 할 때다 싶어 롤플레이를 했다.

나는 우선 상대방이 중소기업 대표라고 가정하고 이야기를 시작했다.

"대표님! 사업 운영하시면서 가장 힘든 점이 어떤 건가요? 혹시 직원 다루는 일이지 않나요? 많은 CEO들이 결국 사람 다루는 일이 가장 어렵다고 이야기하시더라고요. 직원 한 명이 잘못 들어오면 많은 문제를 만들어내니까요. 경영을 하면서 이익을 창출하는 것도 중요하지만 직원들로 인해 생기는 손실을 줄이는 것도 그것 못지않게 중요한 일인 것 같아요. 문제의 직원이 만약 200만 원의 월급을 받고 일한다고 가정할 때 이 친구가 일을 제대로 못해서 200만 원의 손실액을 만들어낸다면 그것은 곧 400만 원이라는 손실을 만드는 것이나 마찬가지예요. 그것이 1년 지속된다고 가정하면 거의 5천만 원에 가까운 손실액이 생긴다는 것인데 사업을 하면서 밑 빠진 독에 물 붓는 격이 아닐까요? 그러니 저는 CEO가 직원들의 교육에 투자하는 것이 현명하다고 생각합니다."

이렇게 무엇을 잃을 것인지 고객보다 먼저 계산기를 두드려주게 되면 자신이 가진 것을 잃기 싫은 고객은 클로징될 확률이 높아진다.

클로징은 혜택을 나열하는 것이 아니다. 그럴수록 고객은 혜택을 받지 않겠다고 몸부림치며 도망갈 것이다. 당신이 진짜 그 사람을 위해서 클로징을 해주고 싶다면 '얻을 것'에 집중하지 말고 '잃을 것'에 집중하라. 그 사람이 가장 잃기 싫어하는 것이 무엇인지 질문을 통해서 찾아내고, 당신과 연결된다면 절대 소중한 것을 잃지 않을 것이라는 확신을 줘야 한다. 기억하라. 고객은 시간과 돈을 절대 잃고 싶어 하지 않는다는 것을. 따라서 무엇을 잃을 것인지 자꾸 상상하게 하라. 분명 고객은 당신에게 도와달라고 손을 내밀 것이다.

고객을 춤추게 하라

고객이 구경꾼이 되면 안 된다

클로징을 잘하는 사람들은 말을 많이 하지 않는다. 고객이 훨씬 더 많은 말을 하게 한다. 그들은 질문할 줄 알고 경청할 줄 안다. 고객을 신나게 만든다. 그래서 고객이 알아서 TMI를 쏟아내게 한다. 다시 말해 클로징의 고수는 고객이 흥이 나서 스스로 춤추게 만들 줄 아는 사람이다. 추임새를 적당히 넣어주면서 고객이 이야기를 하고 싶게끔 만든다.

클로징 초보들은 고객을 춤추게 만드는 게 아니라 혼자 춤을 추느라 정신이 없다. 자신의 춤에 스스로 빠져서 헤어나오지 못한다. 자신의 스웨그(swag: 다른 사람과 달리 자신만이 낼 수 있는 특정한 멋이나 분위기) 넘치는 춤을 고객이 넋 놓고 봐주길 바라는 사람마냥 행동한다. 자신이 아닌 고객이 춤추게 만들려면 고객에게 멋진 질문을 할 줄 알아야 하는데, 자기 말만 하느라 바빠서 정작 고객을 자신의 춤을 봐줘야만 하는 구경꾼으로 전락시킨다. 대부분 이런 사람들은 설명할 줄만 알고 질문할 줄은 모른다.

나는 팀원들을 코칭할 때마다 설명을 하지 말고 질문을 하라고 강조한다. 여러 번 강조해도 지나치지 않을 정도로 비즈니스에서 매우 중요한 기술이기 때문이다. 고객이 신이 나야 고객과 제대로 된 소통이 가능하다고 목청을 높여 반복해서 이야기한다. 그 이야기를 들은 대부분의 사람들은 고개를 끄덕이며 알겠다고 하고는 질문을 가장한 설명을 또 하기 시작한다. 참 미칠 노릇이다.

보통 질문이라고 하면 다 똑같다고 생각하지만 절대 그렇지 않다. 질문은 크게 2가지 유형으로 나뉜다. 하나는 '내가 듣고 싶은 대답을 해주길 원하는 질문'이고, 또 다른 하나는 '상대에 대해 정말 궁금해서 묻는 질문'이다. 질문을 가장한 설명이란 바로 내가 듣고 싶은 이야기를 듣기 위해서 하는 질문을 말한다. 이런 질문은 절대 고객을 춤추게 하지 못한다. 내가 말하는 질문은 상대방에 대해 정말 궁금해서 묻는 질문이다. 상대가 원하는 것이 무엇인지 알기 위해서는 그들을 정말 궁금해해야 한다. 그런데 클로징 초보들은 자꾸 자신의 의도대로 고객이 따라와주길 바라는 잔소리 같은 질문을 늘어놓기 일쑤다.

답정너는 답이 없다

당신이 다이어트 제품을 파는 사람이라고 가정해보자. 분명 당신이 원하는 것은 당신의 제품이나 서비스를 고객이 구매하길 원할 것이다. 그래서 고객이 왜 당신의 제품을 구매해야 하는지 핏대를 높여 이야기할 확률이 크다. 만약 자신이 고객에게 질문을 자주 하는 편이라고 생각한다면, 과연 그것이 당신이 듣고 싶은 답을 듣기 위한 질문인지 아닌지 진중하게 생각해봐야 한다.

혹시라도 "다이어트는 왜 해야 한다고 생각하나요?", "요요가 없는 다이어트를 하려면 어떤 제품을 선택해야 한다고 생각하세요?" 라는 설명 같은 질문을 했다면, 이미 이 질문은 답정너다. 만약 고객이 가격이 비싸다고 이야기했다고 가정해보자. "어떤 제품이 비싼 걸까요? 먹어도 별 효과 없는 다이어트 제품에 대해서 어떻게 생각하세요?" 가슴에 손을 얹고 이게 정말 질문이라고 생각하는지 스스로 대답해보라. 이런 질문은 고객에게 당신의 시커먼 속내가 훤히 보이는 술수로밖에 안 보인다.

정말 고객을 춤추게 하기 위해서는 고객이 왜 다이어트를 결심하는지 알아내야 한다. 고객의 문제에 집중하지 않고 그저 자신의 매출만 올리기 위한 질문은 고객의 문제를 해결하기는커녕 고객과의 신뢰를 깨뜨릴 수도 있다. 고객의 문제가 무엇인지 진짜 궁금해하고 그 이유를 알아내야만 한다. 그래서 고객이 실컷 춤추게 만들어야 한다. 답이 정해진 질문에는 절대 고객은 춤추지 않을 테니까.

당신이 주인공입니다

나는 미팅에서 절대 내가 주인공이 되려고 하지 않는다. 고객을 어떻게 해서든 무대 위로 올려서 춤을 추게 만든다. 그것이 나의 클로징 철칙이다.

실제 나도 다이어트 제품으로 고객을 만나본 적이 있다. 한 3년 전에 남편이 아주 잘나가는 회사 사장인 50대 여성을 만난 적이 있다. 아이 둘을 좋은 대학에 보냈고 집도 잘 살아서 누가 봐도 부러워할 인생이었다. 좀 통통한 체구였지만 얼굴도 예쁘고 그렇게 뚱뚱해 보이지는 않는 고객이었다. 나는 그 고객이 진짜 다이어트를 하려고 하는 이유가 궁금해졌다.

"다이어트는 참 힘든 것 같아요. 그런데도 이렇게 돈을 쓰고 시간을 내서 다이어트를 하시려는 진짜 이유가 뭔지 물어봐도 될까요?" 고객을 무대 위에 세워보려고 첫 번째 시도를 해봤다. 고객은 크게 동요 없이 "살 빼려고 하는 거죠, 뭐"라며 무성의하게 답했다. 아직 무대 위에 올라갈 생각이 크게 없어 보였다.

그렇다고 포기할 내가 아니었다. 어떻게든 고객을 무대 위로 올려보내야 했다. 절대 "저희 제품으로 확실하게 살을 빼실 수 있어요"와 같은 싸구려 멘트를 날려서는 안 된다는 것을 나는 잘 알고 있었기 때문에 이렇게 질문을 이어나갔다. "맞아요. 당연히 살을 빼려고 그러시는 거겠죠. 그런데 제가 많은 고객님들을 만나보면 살 빼려는 이유가 다 다르더라구요. 혹시 고객님이 진짜 살을 빼려고 하는 이유를 제게 말해주실 수 있어요? 그래야 제가 도움을 줄 수 있는 분인지 아닌지 판단할 수 있을 것 같아요."

나는 그 고객이 무대로 올라가서 마음껏 자신만의 춤을 추길 원했다. 자신이 다이어트를 통해 정말 해결하고 싶은 문제가 무엇이었는지 스스로 인식하길 원했다. 그래서 당신이 이 대화의 주인공이니 마음껏 춤을 춰보라고 질문을 가장한 응원의 메시지를 던졌다.

그제야 자신이 주인공임을 깨달은 고객은 "사실 나이가 드니까 자신감도 좀 없어지고 저 자신이 좀 초라하게 느껴지더라고요. 거울 앞에 서서 튀어나온 뱃살을 보면 한숨밖에 안 나오더라고요. 그동안은 애들 크는 거 보는 게 낙이었는데 이제 다 컸다고 엄마랑 이야기도 안 해요."

고객이 춤추기 시작했다. 자신의 내면의 소리에 귀를 기울이며 삶이라는 무대 중앙으로 걸어가기 시작했다. 결국 고객은 살을 빼고 싶은 게 아니라 자신을 찾고 싶은 것이었다. 그 고객이 다이어트를 하는 진짜 이유였던 것이다.

클로징은 이처럼 내가 가진 제품과 서비스를 무대의 주인공으로 세우는 게 절대 아님을 알아야 한다. 진짜 제대로 된 클로징을 하려면 고객을 무대 위로 올려놓고 나는 고객을 반짝이게 하는 스탭이 될 준비를 항상 하고 있어야 한다. 그 후에 고객이 신나게 춤을 출 수 있도록 해줘야 한다. 그들의 감정을 나에게 쏟아낼 수 있게 해줘야 한다. 그것이 진정한 클로징의 고수가 해야 할 일이다.

나를 믿지 말라고 말하라

순진한 클로징은 멈춰!

클로징을 믿음을 주는 행위다. 그래서 고객이 내 말을 믿고 결단하게 만들어야 한다. 순진한 클로징 초보들은 그래서 자신의 말이 맞고, 자신이 진실을 말하고 있고, 그래서 자신을 믿어달라고 안간힘을 다한다.

"저희 제품이 세계 최고입니다."

"지금까지 너무 많은 고객들이 우리의 서비스가 최고라고 말씀해주셨어요."

"저희가 오리지널이고 다른 건 다 짝퉁이에요."

"아무리 찾으려고 해도 저희 것보다 좋은 제품은 절대 찾지 못하실 겁니다."

"저희는 30년 전통을 가진 역사가 깊은 회사입니다."

이런 멘트를 하는 사람들에게 묻고 싶다. 정말 저런 말들이 고객에게 먹힌다고 생각하는가. 고객이 당신의 말을 감동해서 눈물을 흘리며 그런 좋은 제품과 서비스를 알려줘서 고맙다고 할 것 같은가. 사람들은 모두 청개구리 심보가 있다. 왠지 좋다고 하면 의심부터 하는 게 사람 심리다. 연애도 마찬가지다. 밀당이 왜 있을까? 썸을 왜 탈까? 상대방 여자가 한번 찡긋 웃어줬다고 저돌적으로 키스를 하려 하는 남자는 그 여자에게 뺨을 맞을 확률이 높다. 연애도 전략적으로 해야지 상대방에 대해서 공부하지 않고 그냥 들이댔다가는 잘못하면 스토커로 낙인찍힐 수도 있다.

제발 이런 세상 물정 모르는 멘트는 멈추길 바란다. 나를 믿어달라고 울부짖는 행위를 이제 그만 하길 바란다. 자기가 말하는 게 진실이니 제발 알아달라고 애걸복걸하는 행위는 절대 클로징과 연결되지 않으니까. 이런 멘트는 대부분 고객을 너무 쉽게 생각했기 때문에 나오는 말이라고 본다. 이 제품은 정말 좋으니까 너무 고민하지 말고 웬만하면 선택하라는 말로밖에 들리지 않는다. 정말 성의 없는 태도다. 네 살짜리 아이의 고민을 들어줄 때도 그런 가벼운 마음으로 다가가는 사람은 없다. 우리가 너무 고객을 만만하게 보고 있는 것은 아닌지 진지하게 생각해볼 필요가 있다.

나를 믿지 마세요

예전에 내가 유통하는 제품에 대해 문의해온 B라는 고객이 있었다. B는 나에게 전화해서 다짜고짜 "그 제품 좋아요?"라고 물었다. 클로징 초짜는 아마 여기서 고객의 던진 미끼를 힘껏 물면서 이렇게 말할 것이다. "그럼요! 제품 정말 좋아요! 제품력에 저도 하루하루 반하고 있어요. 가끔은 이런 제품을 만들어준 사람에게 고마운 마음이 들 정도라니까요." 이런 대답을 두고 노답인 답이라고 해야 하지 않을까? 이렇게 대답했다면 고객은 벌써 제품에 흥미가 떨어지기 시작했을 것이다.

대한민국에서 클로징 1등이 아니라고 한다면 서러운 나는 여유로운 웃음을 띠며 이렇게 말했다. "고객님, 이 제품을 유통하는 사람이 당연히 이 제품에 대해 좋다고 말하겠죠. 그러니 제 말을 믿으시면 안 돼요." 전화 통화여서 확인할 수는 없었지만 그 고객은 아마 당황한 얼굴을 하고 있었을 것이다. 고객은 잠시 조용하더니 "아, 그건 그렇죠"라고 짧게 대답했다. 나는 그 대답이 '당신 대체 뭐야?'라는 말로 들렸다.

나란 사람이 뭔가 다르다는 느낌을 상대가 받았다는 확신이 들 때는 뜸 들이지 말고 다음 멘트로 확실하게 내 이미지를 굳혀야 한다. "저랑 얼굴도 한번 안 본 사이인데 제 말을 어떻게 믿으실 수 있겠어요? 저라도 그럴 것 같아요"라며 쐐기를 박았다.

B는 자신이 던진 미끼를 물지 않는 내가 얄미웠는지 "말씀을 참 잘하시네요"라고 비꼬듯 말했다. 그럴 때는 물러서지 말고 좀 더 당당하게 나가야 한다. 내가 하는 사업에 대한 뚝심 정도는 내비쳐줘야 사업가라고 할 수 있지 않을까. 나는 차분하지만 확신에 찬 목소리로 대답했다. "아닙니다. 말만 잘했다면 이 자리까지 오지 못했을 거예요. 꾸준하게 하니까 고객님들이 제 진심을 믿어주시

더라고요. 저야 솔직히 이 제품을 좋다고 말씀드리고 싶지만 저라는 사람을 신뢰하지 못하시는 상황에서 제품이 좋다고 이야기하는 것은 좀 설득력이 없다고 생각해요." 그제야 고객은 나에게 경계심을 약간 허문 듯 살짝 친근한 목소리로 이렇게 말했다. "그렇게 말씀하시니까 오히려 믿음이 좀 가네요. 솔직히 다 자기 제품이 좋다고 하니까 그렇게 말하면 신뢰가 안 가더라고요."

B고객은 그렇게 나의 소중한 고객이 되었다. 그날 이후로는 나를 절대 의심하지 않았다.

너를 못 믿는 게 아니야

고객은 항상 사기를 당할까 봐 불안해한다. 사기는 남을 속이는 것이다. 믿고 구매했던 제품에 실망하게 되면 고객은 그것이 사기나 마찬가지라고 생각할 것이다. 한번 배신을 당한 사람이 다른 사람을 잘 믿지 못하듯이, 믿고 제품을 샀는데 돈 준 만큼의 값어치를 못하게 되는 것들을 자꾸 사게 되면 그 모든 소비가 상처가 되어버린다. 그래서 좋은 제품을 만나도 의심부터 하게 되는 게 고객의 심리라고 생각한다.

얼마 전 "○○김치"가 썩은 김치였다는 소문을 들은 적이 있다. 비록 내가 그 김치를 사먹은 경험은 없지만 김치를 믿고 사먹은 고객의 입장에서 혹시 내가 먹는 김치도 그렇지는 않은지 의심부터 하게 된다. 이런 의심을 갖게 되는 것 자체가 고객에게 고통이다.

기업을 믿어준 대가가 그런 배신으로 돌아온다고 생각하면 뭘 믿고 구매해야 할지 고민하게 만드니 말이다.

자꾸 고객에게 믿어달라고 하지 말았으면 좋겠다. 이미 고객의 마음에는 상처가 많다. 자신이 힘들게 번 돈을 알뜰하게 잘 써보려고 하는 고객의 마음을 넓은 마음으로 이해해야 한다고 생각한다. 고객이 나라는 사람을 의심하고 있다는 게 아니라는 점을 알아야 한다. 나를 잘 모르기 때문에 믿을 수 없는 것뿐이지 다른 나쁜 의도가 없다고 생각해야 한다.

고객의 그런 마음을 센스 있게 배려하는 차원에서 차라리 나를 믿지 말라고 하는 게 이치에 맞다고 생각한다. 그래야 클로징과 가까워질 수 있다. 자꾸 눈치 없게 다짜고짜 믿어달라고 하지 말았으면 좋겠다. 또한 고객과의 믿음을 한 번의 말로 얻으려는 게으름을 피우지 말고 솔직하고 진솔한 마음으로 고객에게 다가가길 바란다. 그래야 고객은 조금씩 나에게 용기 내어 다가올 것이다.

클로징 4단계 이해하기

많은 사람들을 만나고 그들을 클로징하면서 내가 깨달은 것이 하나 있다. 클로징에는 단계가 있다는 것이다. 결론부터 말하면 클로징은 총 4단계로 나뉜다. ① 제품 클로징, ② 결단 클로징, ③ 실행 클로징, ④ 인생 클로징이 그것이다. 클로징이 다 똑같지 무슨 단계가 있냐고 의문이 든다면 아직 클로징의 개념이 잘 잡히지 않았고 충분히 경험해보지 않았기 때문이다.

클로징은 상대방에게 믿음을 주는 행위다. 당신이 선택한 제품이 좋은 것이라고, 당신이 결정한 일이 옳은 것이라고, 당신이 지금 하려는 행위가 맞는 것이라고, 당신이 그렇게 사는 게 멋지다고 용기 있게 말해주는 것이다. 《벌거벗은 임금님》 이야기에 나오는 꼬마 아이처럼 용기를 내어 진실을 이야기해주는 것이 클로징이다. 그럴싸한 말로만 상대를 클로징하려고 꾀를 부려서는 안 된다. 클로징은 믿음을 주는 일이기 때문에 경박하고 가벼운 마음으로 해서는 안 되는 일이다.

클로징 4단계를 나누는 기준은 난이도다. 가장 쉬운 난이도의 클로징은 제품 클로징이다. 자신의 제품과 서비스의 우수성을 이해시켜서 고객이 제품을 구매하게끔 만드는 것이다. 대부분 클로징이라고 하면 제품 클로징만 생각하는 경우가 많다. 그것은 클로징의 단면만 봐라봤기 때문에 그렇다.

제품 클로징 다음 레벨은 결단 클로징이다. 사람들은 변화를 좋아하지 않는다. 익숙한 것에 안정감을 느끼기 때문에 웬만한 모험가가 아닌 다음에야 대부분은 변화를 환영하지 않는다. 결단 클로징은 그런 속성을 가진 사람들에게 익숙함에서 벗어나서 익숙하지 않은 쪽으로 건너오라고 설득하는 것이다. 가령 다이어트에 관심이 있는 사람에게 다이어트 제품을 설명하는 것만으로 클로징을 하기는 힘들다. 그 사람이 오랜 시간 함께해온 자신의 살들과 이별하겠다는 결단을 시키는 게 먼저다. 결단을 받으면 제품은 쉽게 클로징할 수 있다.

다음은 실행 클로징이다. 작심삼일이라는 말이 있다. 결단해도 고작 3일만 하고 또 포기한다는 것이다. 실행 클로징은 이런 '작심삼일러'가 '작심칠일러', '작심삼십일러', '작심일년러'가 될 수 있도록 해주는 것이다. 결단만 하고 실행으로 이어지지 않는다면 그 결단도 의미가 없어진다. 그러니 실행이 결단 다음 단계의 클로징이 된다.

마지막 클로징은 가장 고난이도인데 바로 인생 클로징이다. 상대방이 가진 삶의 방향성과 가치관을 깊이 이해하고 그들과의 충분한 공감대 형성을 통해 나를 무한 신뢰하게끔 만드는 클로징이다. 내가 그들의 마음속으로 깊게 침투해서 나와 평생 거래를 해도 괜찮겠다는 마음이 들게 만드는 클로징이다.

인생 클로징, 새벽독서

새벽독서 모임을 진행한 지 이제 9개월 차다. 지금까지 한 번도 빠지지 않고 주 6일을 지속해왔다. 이제는 제법 새벽독서의 모멘텀이 멋지게 형성되어 많은 사람들에게 삶의 변화를 주는 모임이 되고 있다.

새벽독서 모임을 진행하게 된 계기는 처음에는 사람들의 결단과 실행을 약속받기 위해서였다. 사업에서 성공하고 싶다고 하는 사람들에게 이런저런 좋은 이야기로 컨설팅을 해봤자 그들에게 진짜 변화가 일어나기는 힘들다는 것을 너무나 잘 알고 있었기 때문이었다.

나는 동기부여 강사가 되고 싶지 않았다. 아무리 애타게 성공습관이 필요하다고 이야기해도 결국 다시 자신의 안전지대로 돌아가고자 하는 사람들의 속성을 알았기에 밑 빠진 독에 물 붓기는 하기 싫었다. 그래서 그들에게 결단과 실행이 어려운 새벽 시간대를 고르고 주6일 지속하는 지옥의 훈련에 초대했다. 그렇게 했더니 성공을 부르짖기만 하던 거짓말쟁이들은 자취를 감추기 시작했다. 진짜 해보겠다고 결단한 사람들이 수면 위로 떠올랐다. 내가 정말 신경을 써야 하는 사람들이 보이기 시작한 것이다.

초반에는 줌미팅으로 진행되는 새벽독서 모임의 특성상 화면을 끄고 참석하는 사람들이 많았다. 방금 일어나 부스스한 모습을 보여주고 싶어 하는 사람들은 없을 것이다. 나는 그들에게 화면을 켜고 참석할 게 아니면 참석하지 말라고 이야기했다. 나도 줌으로 화면을 끄고 참석해봤지만 그렇게 하면 집중도도 떨어지게 되고 시간을 투자하는 만큼 얻어가는 것도 적어진다.

나는 그들에게 하려면 제대로 하고 안 하려면 나의 아까운 시간을 낭비하게 만들지 말라고 목소리를 높였다. 나에게 비용을 지불하고 참석하는 고객을 왕으로 모셔도 부족할 판에 내가 더 큰 소리를 내니 고개를 갸우뚱하는 사람도 있었을 것이다. 만약 그런 내가 마음에 들지 않아 새벽독서를 하지 않겠다고 하는 고객이 있다면 굳이 설득해서 그를 잡아놓을 마음도 없었다. 어차피 그런 마음과 태도로는 작은 성공도 해낼 수 없다는 것을 잘 알고 있었다.

나는 그렇게 빨간 모자를 쓴 군대 조교마냥 사람들에게 성공을 향한 올바른 태도와 마음가짐을 매일의 단위로 클로징하려고 했다. 항상 결단을 강요했고 실행을 밀어붙였다. 그래서 성공을 할 수밖에 없는 삶을 디자인할 수 있도록 유도했다. 비록 나를 오해하고 미워하게 만드는 일이라도 상관없었다. 그것이 상대방을 진정 위하는 길임을 너무나 잘 알고 있었기 때문이다.

새벽독서 모임이 지속되면서 사람들은 나의 진심을 알아주기 시작했다. 새벽독서 모임에 참석하는 사람들보다도 내가 훨씬 그들의 성공을 바라고 있다는 사실을 알았기 때문이다. 이제 그들은 자신의 삶을 바라보는 관점을 새롭게 디자인하고 다음 레벨로 성장하기 위해 무단히 애쓰고 있다. 나는 그렇게 오늘도 그들의 인생을 클로징하고 있다.

결국 고객이 나를 클로징하다

사실 새벽독서를 진행하는 것이 쉬운 것은 아니다. 처음에는 나도 새벽 기상이 참 힘들었다. 더군다나 단순히 책을 읽고 '좋은 책이라고 생각한다' 정도로 끝나는 것이 아니기 때문에 더욱더 신경을 곤두세우고 새벽독서를 리딩해야 하는 중압감을 항상 가지고 있다.

개별 참가자들의 특징을 파악하기도 해야 하고 때로는 참가자들이 게으름을 피울 때는 냉정한 태도로 자극을 주기도 해야 한다. 그뿐만 아니다. 너무 진지한 태도로 일관하면 안 되니 때로는 웃음도 줘야 한다. 한마디로 멀티플레이어가 되어야 한다는 이야기다.

새벽독서 모임의 줌화면을 보고 있으면 참가자들의 결연한 눈빛이 보인다. 모두 곤히 잠든 새벽 시간에 독한 마음을 먹고 뭔가 해보겠다고 눈을 크게 뜨고 앉아 있는 그들을 보고 있자면 책임감이 어깨를 짓누른다. 그들의 믿음과 결단에 부합하기 위해서 내 인생부터 똑바로 살아야겠다는 생각을 매일 하게 된다.

고객의 믿음을 얻는 일은 하늘의 별따기만큼 힘든 일이다. 여기서 말하는 믿음은 믿어주는 척하는 믿음은 아니다. 정말 믿는 것을 말한다. 믿을 수밖에 없게 만드는 것이다. 그런 믿음을 고객에게 얻는다는 것은 지구를 들어올리는 일만큼 어려운 일이다.

사업을 하면서 만난 많은 고객들에게 내 진심을 내보였지만 돌아오는 반응들이 냉랭한 경우가 많았다. 돌이켜 생각해보면 그런 결과들이 나온 것은 어쩌면 당연하다는 생각이 든다. 눈 앞의 내 이익에만 급급해서 그들의 문제에 집중하지 않고 내가 당면한 문제에 집중했기 때문이다. 내 지갑을 불리는 데 온 신경이 곤두설수록 고객과의 마음의 거리는 멀어졌다.

나는 그렇게 충분히 많이 틀렸다. 오해도 사보고, 구설수에도 올라보고, '나쁜 년' 소리도 들어가면서 아주 많이 틀려왔다. 자꾸 틀려보니 무엇이 중요하고 무엇이 중요하지 않은지가 보이기 시작했다. 고객의 마음을 얻기 위해서는 사람을 돈으로 보지 않고 하나의 소중한 생명으로 여기는 마음가짐을 가져야 한다는 것도 깨달았다. 또한 그들의 인생을 오히려 내가 더 걱정해야 그들의 마음 속으로 들어갈 수 있다는 사실도 알게 되었다.

이러한 나의 과정은 고객을 클로징하는 것처럼 보이지만, 결국에는 그들이 나에게 준 믿음을 책임지기 위해 스스로 결단과 실행을 클로징당하며 끝에는 인생도 클로징당한다는 사실을 가슴 깊이 깨닫는다. 고객은 그렇게 나를 성장시켰다. 진짜 클로징이란 무엇인지 일깨워준 고마운 존재다.

그들에게 진짜 믿음이라는 것을 선물받은 이상 나는 절대 사람들의 인생을 클로징하는 것을 멈추지 않을 것이다. 사람들이 더 멋지고 행복한 삶을 살 수 있도록 도울 것이다. 생명을 소중히 다룰 줄 아는 진짜 클로저로 영원히 기억될 것이다.

5장

S h i f t i n g

3차원 메타버스 시대, ‘부캐의 탄생’

부캐가 열일하는 시대

본캐만 가지고 되겠어?

비즈니스에서는 본론이 무엇보다 중요하다. 거기에 '돈'이 있기 때문이다. 지금까지 언급한 콜드콜, 클로징도 서론이었을 뿐 본론은 아니었다. 본 게임은 지금부터다. 지금까지 습득한 모든 기술들이 더 큰 매출로 연결되기 위해서는 또 다른 차원의 게임을 해야 한다. 정말 돈을 벌려면 게임을 가장한 진짜 전쟁터에 들어가야만 한다. 그러니 이제부터는 고도의 집중력이 필요하다.

본캐와 부캐라는 말이 있다. 대체적으로 본캐는 '본래의 캐릭터'를 말하고, 부캐는 '본래의 캐릭터가 아닌, 추가적으로 만든 캐릭터'를 의미한다. 대안적 성격(alternate character)을 띠기도 한다. 본캐와 더불어 부캐도 갖춰야 한다는 말에 나라는 사람으로 사는 것도 피곤한데 부캐까지 생각할 여유가 어디 있냐고 반응한다면, 미안하지만 당신은 앞으로 돈을 벌 확률이 매우 낮다고 봐야 한다. 지나친 '팩폭(팩트폭력)'이라고? 그러나 '생존'의 문제에서는 진지해질 필요가 있다. 원래 몸에 좋은 약은 입에 쓴 법이다.

일단 본캐와 부캐를 재정의하는 일부터 시작하자. 내가 말하는 본캐는 바로 '오프라인에서 일하는 나 자신'이다. 부캐는 '온라인에서 일하는 나 자신'을 말한다. 과거에는 오프라인에서만 잘해도 비즈니스가 문제없이 진행되었지만 지금은 시대가 달라졌다. 온라인 공간에 내가 존재하지 않으면 돈과 연결되기 힘들어진 세상이다. 대부분의 고객들이 온라인에 있기 때문이다. 사업가라면 고객이 있는 곳으로 가야 한다. 모두 온라인으로 이사를 갔는데 혼자 오프라인에서 고객을 찾고 있다면 그것이야말로 최고의 삽질이다.

이쯤 되면, 부캐는 성공적인 비즈니스에서 옵션이 아닌 필수라고 해도 좋다. 특히 3차원 메타버스 시대에는 부캐가 본캐보다 더 많은 일을 해내고 매출도 훨씬 많이 올려준다. 그러니 하루라도 빨리 부캐를 만드는 일에 에너지를 쏟지 않을 이유가 전혀 없다. '부캐' 없이는 '본캐'도 없으니까.

일당백 부캐, 엠제이킴

'안녕하세요? 엠제이킴입니다'로 시작하는 내 유튜브 영상은 현재까지 총 650개다. 다시 말해 온라인상에서 365일 24시간 일하고 있는 내 부캐가 650명이라는 뜻이다. 그뿐만 아니다. 틱톡 영상

160개, 인스타그램 게시물은 2,500개, 블로그 글 수십 개가 내가 자고 있을 때도 열일을 하며 고객을 한 명 한 명 응대하고 있다. 나는 이것을 일종의 온라인 '레버리지 효과'라 부른다. 한 명이 할 일을 5명, 10명, 100명이 해냄으로써 효율성을 높여 이익을 극대화할 수 있기 때문이다.

이 중에서 매출과 가장 직결된 부캐는 유튜브 플랫폼에서 움직이는 '엠제이킴'이다. 실제 이 부캐를 통해 내 매출은 2년 동안 3배가 올랐다. 코로나 때문에 많은 사람들이 경제적으로 타격을 받았던 시기에 나는 오히려 수입이 늘었다. 대면하지 않아도 되는 온라인의 특성상 엠제이킴은 전국 방방곡곡의 고객들과 쉴 새 없이 만났던 것이다. 그 외에도 하와이, 호주, 싱가포르 등 해외에 있는 고객과도 연결되었으니 정말 이쯤이면 본캐보다 훨씬 유능하다고 봐야 한다.

2019년 초반부터 유튜브에서 일을 하기 시작한 엠제이킴이 고객들을 불러오기 시작한 때는 6개월 정도가 지났을 무렵이다. 처음에는 유튜브를 보고 연락했다는 이야기가 너무 신기해서 '우와, 이렇게도 고객과 연결되는구나'라고 생각했다. 유튜브를 통해 고객과 연결되기 시작하니 영상을 올리는 게 재미있기 시작했다.

더군다나 연락이 오는 고객들은 마치 내가 유명인이라도 되는 것처럼 "영상으로 들었던 목소리랑 같아요! 연예인과 이야기하는 기분이에요!"라며 내 기분을 구름 위까지 끌어올려줬다. 어떤 고객들은 유튜브를 보고 전화해서 오프라인에서 직접 만나기도 했는데, 가끔 "사진 하나만 같이 찍어주시면 안 될까요?"라며 정말 나를 연예인처럼 대하니 처음에는 어색한 기분마저 들었다.

그렇게 부캐 엠제이킴은 톡톡히 자기 몫을 해줬다. 지금 나는 본캐보다 부캐로 더 바쁘다. 고객들 역시 본캐인 나보다는 부캐인 엠제이킴과 더 '절친'이다. 나는 날마다 새로운 엠제이킴을 배출해내려 애쓴다. 하루도 게으름을 피우지 않고 SNS에 다양한 콘셉트의 엠제이킴을 만들어 보낸다. 공원에서 산책하는 엠제이킴, 흰 속살을 드러내고 운동하는 엠제이킴, 정장을 갖춰 입고 다소 진지한 이야기를 하는 엠제이킴, 고객과 온라인으로 줌미팅하는 엠제이킴, 새벽 시간에 목소리가 잠긴 엠제이킴, 어떤 장소에서든 내가 먼저가 아닌 엠제이킴이 먼저다. 엠제이킴이 이곳에 서면 얼굴이 잘 나올지, 엠제이킴이 이 옷을 입으면 좀 더 예뻐 보일지, 이 타이밍에 엠제이킴을 무대에 세우면 느낌이 살지, 온통 엠제이킴 생각뿐이다. 가끔은 오프라인의 내가 온라인의 '엠제이킴'을 위해 살고 있는 것은 아닐까 하는 생각이 들 때도 있다.

내가 이렇게 부캐에 주력하는 것은 잘 만들어진 부캐가 오히려 잠재 고객을 더 잘 대응하며 야무지게 1차 클로징까지 해주기 때문이다. 쉽게 말해 고객을 걸러서 내게 보내준다는 것이다. 고객들은 내 부캐들과 만나 충분히 소통한 후에 나에게 연락을 해왔다. 그동안 아웃바운드 콜드콜 고객을 응대해온 나에게 이미 나에 대한 호감이 있는 고객을 대하는 것은 식은 죽 먹기였다.

비즈니스에서는 시간이 곧 돈인데 내가 걸러진 고객만 응대할 수 있다는 것만 해도 비용적 측면에서 봤을 때 훨씬 이득이었다. 이미지 메이킹이 잘된 부캐는 나에 대한 호감도를 높였고 내가 고객을 클로징하기 쉽게 나에 대한 신뢰도를 높여줬다. 나의 부캐 엠제이킴은 정말 열일을 해냈다.

이처럼 메인 캐릭터는 매출과 직결되기 때문에 매일 하나씩 영상을 올리려고 애를 쓴다. 영상을 업로드 하지 않는 시간이 너무 길면 유튜브 알고리즘이 그 게으름을 귀신같이 파악하여 온라인에 덜 노출시키기 때문에 절대 게으름을 피울 수 없다. 나의 '엠제이킴'이 다른 부캐들과의 경쟁에서 절대 뒤쳐지면 안 되기 때문에 오프라인 본캐 엄마의 치맛바람을 불러 일으키며 매일 부지런을 떨고 있다.

반전 매력의 '부산여자' 부캐, 사람들을 유혹하다

부캐가 매출로 연결되니 온라인상에 부캐 만들기에 집중할 수밖에 없었고 부캐가 좀 더 매력적인 캐릭터가 될 수 있도록 힘을 쏟았다.

나는 2가지 콘셉트의 부캐가 있다. 첫 번째는 유튜브에서 활동하는 엠제이킴이다. 메인 캐릭터라고 보면 된다. 콜드콜과 클로징 기술을 영상에서 현란하게 선보이며 '웃기지만 일을 잘하는 언니'로 맹활약 중이다.

두 번째 부캐는 틱톡에서 열일하는 '부산여자'다. 각 틱톡 영상의 길이는 15~30초 정도 되는데 짧지만 임팩트 있는 부산 사투리 콘셉트로 500만 뷰 수를 기록한 영상도 있다. 미국 네 살배기 여자아이 Penelope Dolce(틱톡에 팔로워가 2만 명에 가까운 유명인사)와 듀엣을 한 영상이다(이미 만들어진 다른 사람의 틱톡 영상에 내 영상을 합쳐서 또 다른 영상을 만들어내는 것). 영상에 등장하는 여자아이가 장난감 전화기로 누군가에게 전화를 하고 있고 나의 부캐인 영어를 못 알아듣는 '부산여자'는 아이와 대화가 안 되니 "오데로 전화를 걸었노?", "엄마 바까라(바꿔라)"라고 하며 무척 당황해한다. 이 영상은 500만 뷰가 넘었을 뿐 아니라 대략 1,800개의 '좋아요'와 300개에 가까운 댓글이 달린 나름 '힙'한 콘텐츠다.

이 영상 외에도 만 뷰 이상 조회된 영상이 꽤 있다. 이처럼 틱톡 영상으로 사람들의 관심을 끌기 위해서는 15초 안에 위트와 재치를 녹여서 승부해야 한다. 수산물 시장 통로에서 춤을 추고 찍은 영상, 공원 벤치에 앉아 있는 할아버지 할머니를 배경으로 R&B음악에 맞춰 춤을 추며 립싱크한 영상, 멀쩡하게 정장을 입고 오피스 건물 화장실 앞에서 율동을 하고 있는 영상, 트로트 가수 콘셉트로 간드러지는 뽕짝음악을 소화하는 영상 등 콘셉트도 장소도 다양하다. 틱톡 부캐 '부산여자'를 본 사람들의 반응이 '이 여자 뭐지?' 혹은 '재미있는 사람이네', '이런 독특한 캐릭터가 있구나' 정도면 매우 성공적이다. 그것이 내가 정확하게 기대하는 반응이다.

사람들은 뻔한 것에 매력을 느끼지 못한다. 그래서 내 부캐는 뻔하지 않은 반전 매력을 가지길 원한다. '이런 사람인 줄 알았는

데 이런 점도 있더라', '꽉 막힌 사람이 아니더라' 등의 반응이 필요하다. 원래 찔러서 피 한 방울 안 날 것 같은 B사감보다 함께 울고 웃으면서 소주 한잔 같이 건넬 수 있는 옆집 언니 같은 캐릭터에 호감이 가지 않는가? '엠제이킴'처럼 똑 부러진 프로 이미지에 2% 부족한 듯한 정감 가는 이미지를 하나 더하면 게임 끝이라고 본다.

각각의 SNS 플랫폼은 서로 연결된다. 틱톡 채널에는 유튜브 링크를 올릴 수 있어서 틱톡의 부캐를 보고 호감과 궁금증을 가진 사람들이 유튜브 메인 캐릭터인 '엠제이킴'을 만날 수 있도록 해뒀고, 역으로 유튜브 영상 아래에 틱톡 영상을 링크 걸어 엠제이킴에 호감을 가지고 있던 구독자가 틱톡 영상으로 넘어와 '부산여자'를 만날 수도 있게 해뒀다.

틱톡에서의 엉뚱함이 유튜브의 진지함으로 바뀔 때, 유튜브의 진지함이 틱톡의 엉뚱함으로 바뀔 때 사람들은 모두 '반전매력'에 빠지게 된다. 원래 예상치 못한 반응이 더 자극적이듯 엉뚱함과 진지함을 현란하게 오가는 나의 부캐들이 나의 팬들을 만들어주고 있다. 나는 이렇게 '엠제이킴'과 '부산여자'의 엄청난 서포트를 받고 있다.

야! 너두 할 수 있어!

내 커뮤니티 멤버들에게 온라인 부캐에 대해 이야기하면 하나 같이 엄두가 안 난다는 반응이다. 내세울 것도 없고 뭐부터 시작해야 할지 모르겠다고 울상을 짓는다. 그럴 때마다 나는 나의 초반 부캐 영상을 한번 보라고 한다. 대단하고 완벽한 모습인지 아니면 '이 정도면 나도 도전할 만하다'는 느낌의 영상인지 체크해보라고 말한다. 영상을 보고 온 사람들은 모두 약간 안도감 서린 표정으로 "저도 그 정도의 영상을 올릴 수 있겠어요"라고 입을 모아 말한다.

누구나 시작은 있다. 나도 처음부터 대단한 영상을 올리지 못했다. 콘셉트도 몰랐고 영상을 올리는 것 자체가 도전이었고 어려운 일이었다. 자꾸 영상을 찍다 보니 이렇게도 해보고 저렇게도 해보면서 실험을 해본 것이지 처음부터 대단한 기획력으로 완벽한 영상을 만들어낼 생각조차 하지 않았다.

나는 부캐 콘셉트 코칭을 할 때 일단 먼저 시작해보라고 말한다. 내가 카메라에 들어가 있는 부캐를 먼저 눈으로 확인해보는 게 중요하다. 상상만 하는 것과 직접 영상에 부캐를 담아내는 것은 하늘과 땅 차이이다. 생각보다 카메라빨이 받아서 자신감이 생길 수도 있고 이런 콘셉트는 어떨지 궁리하면서 새로운 아이디어가 떠오를 수도 있다.

아직까지는 사업에 큰 지장이 없기 때문에 온라인상의 부캐는 필요 없다는 식의 이야기를 하는 사람이 있다면, 그런 근시안적인 태도로 사업을 하다가는 망하기 딱 좋다는 이야기를 해주고 싶다.

사업은 현재만 바라보며 해서는 절대 안 된다. 5년 후, 10년 후를 내다보고 해야 한다. 아직도 온라인상에 부캐가 없다면 문제가 있음을 직시하자. 지금 당장 시작하기로 마음먹자. 하루하루가 아쉽다는 것을 알아야 한다. 그렇다고 시작도 하기 전에 겁먹을 필요는 없다. 누구나 시작은 있는 법이니까. 그냥 하나하나 차근차근 해나가면 된다. 어쩌면 당신의 부캐가 '나도 온라인에서 제대로 뛰어보고 싶다'며 당신의 명령을 기다리고 있을지도 모른다.

디지털 시대에는 어쩌면 부캐가 본캐보다 더 많은 일을 해낼지도 모른다. 이제 더 이상 부캐가 옵션이라는 생각은 버려야 할 때다. 나보다도 더 유능한 부캐를 하루 빨리 고용해서 함께 일하자. 더 이상 늦지 않게 제2, 제3의 엠제이킴을 만들어내길 바란다. 야! 너두 할 수 있어!

완벽함을 추구하지 마라

누구나 '유튜브 초보'로 시작한다

2019년부터 유튜브에 영상을 하나둘씩 올리기 시작했다. 처음에는 카메라 앞에 앉아 한마디 하기도 어려웠다. 무슨 말로 시작을 해야 할지, 어떤 주제로 말을 꺼내야 할지 막막했다. 사실 아무도 없는 방에 혼자 앉아서 멀뚱멀뚱 카메라를 보고 있자면 어색하기 짝이 없었다.

이놈의 카메라가 현빈, 소지섭으로 보이니 연애 꽤나 해본 여자지만 얼굴이 이내 홍당무가 되었다. 녹화된 영상을 보니 말의 앞뒤도 안 맞고 무슨 말을 하려는지도 모르겠다. 차라리 천 명 앞에서 강의를 하는 게 이것보다 낫겠다는 생각이 수십 번 머리를 스쳐갔다.

초보 유튜버인 나에게 영상의 완성도는 사치였다. 영상을 업로드하고 보니 영상 대표 이미지가 내가 가장 못나 보이는 사진들로 도배되어 있었다. 어떤 것은 입이 돌아가 있고, 어떤 것은 눈을 감고 있었다.

정말 가관이었다. 이쯤 되니 유튜브 알고리즘이 나한테 무슨 억하심정이라도 있는지 의심스러웠다. 웃고 있는 영상도 많은데 왜 하필이면 이런 이미지를 올려놓는지 화가 날 정도였다. 내 오해가 깊어질 즈음 유튜브 영상의 대표 이미지는 내가 직접 예쁘게 만들어 올릴 수 있다는 사실을 알게 되었다. 제대로 기능을 쓸 줄 모르는 내 탓은 안 하고 유튜브 탓만 했던 것이다. 무능한 목수가 연장 탓하는 격이라는 말이 안성맞춤인 삽질이 아니었을까 싶다.

가끔 전문 유튜버들의 영상이라도 볼 때면 괜히 주눅이 들고 허접한 내 영상을 올릴 엄두가 나지 않았다. 평소에 남들과 나를 비교해본 적이 없이 내 멋에 잘 살던 사람이었는데 자꾸 자신이 없어졌다. 오프라인에서는 꽤 능력 있는 사람이었는데 유튜브에 나를 올려놓고 보니 내 모습에 현타가 왔다.

초보 유튜버 딱지 떼기

이쯤에서 포기할 내가 아니었다. 안 되면 양으로라도 승부하면 된다고 생각했다. 원래 무식하면 용감하다고 하지 않았는가. 그때부터 영상의 퀄리티는 나한테는 과분하다고 생각하며 매일 1개씩 영상을 올리는 것을 목표로 잡았다. 잘된 영상이든 좀 별로인 영상이든 꾸준히 하루에 한 개씩 올리기 시작했다.

너무 길지 않게 10분 정도 길이가 되는 영상을 올리기 시작했다. 처음에는 아무 데서 찍다가 나중에는 영상을 찍는 공간을 정해야 될 것 같아서 똑같은 위치에서 찍기 시작했다. 구독자들에게 나의 이미지를 각인시키는 것도 하나의 마케팅이라고 생각했기 때문이었다. 영상을 찍는 횟수가 늘어날수록 카메라를 응시하는 내 눈빛도 자꾸 살아났고 바디 랭귀지를 써가는 여유도 부릴 수 있었다. 어떨 때는 스스로 영상 콘텐츠가 너무 마음에 들어서 10번, 20번씩 영상을 돌려보기도 했다.

어느 날 한 구독자가 목소리가 잘 안 들린다며 마이크를 좀 사면 어떻겠냐는 댓글을 달았다. 그 댓글을 보니 '아, 내 영상을 누가 보긴 보고 있구나' 하는 생각이 들면서 왠지 약간의 자신감이 생겼다. 몇 안 되는 구독자였지만 그때는 나에게 그런 피드백이 정말 큰 힘이 되었다.

망설일 것도 없이 당장 무선마이크를 샀다. 싸구려 장비빨이라도 좀 세우니 제법 폼이 나는 것 같았다. 원래 캠핑 장비를 사면 장비 값이 아까워서라도 캠핑장에 가듯이 사놓은 장비를 보고 있자니 소심하게 집에서만 영상을 찍기가 못내 아쉬워졌다. 영상의 완성도를 생각했다가는 집에 처박아놓고 많이 쓰지도 않을 것 같아서 내친김에 삼각대와 무선마이크를 들고 근처 공원으로 나갔다.

그때가 아마 1월쯤이었다. 영상의 내용은 기억이 안 나지만 정말 손이 시렸던 기억은 지금도 생생하다. 공원을 거니는 몇몇 사람들은 '멀쩡하게 생긴 여자가 이 추운 겨울에 뭘 하고 있냐'는 듯한 표정을 지으며 카메라 앞에 서 있는 나를 보고 스윽 지나갔다.

처음에는 그런 눈길이 신경이 쓰였지만 앞으로 인생을 살면서 다시 볼 확률이 거의 없는 사람들 때문에 색다른 콘텐츠를 만들어 보겠다는 굳은 의지가 꺾이지는 않았다. 숲속에서도 찍고, 추운 바닥에 앉아서도 찍고, 걸으면서도 찍었다. 유튜브를 제대로 찍어보겠다고 결단을 하고 나니 모든 공간이 유튜브 각이었다. 나는 그렇게 초보 유튜버의 허물을 벗고 있었다.

무언의 다짐을 이끌어내는 '동지애'

내가 코칭을 하는 커뮤니티 멤버들은 원하든 원치 않든 처음에는 반강제적으로 1일 1유튜브 영상을 만들어서 업로드해야 한다. 난생처음 카메라 앞에서 울며겨자먹기로 버벅거리며 만든 그들의 첫 영상들은 거의 대부분은 개그가 되고 콩트가 된다. 몇 년 전 딱 내 모습이다. 반강제성을 띤 과제 덕분에 어떤 분들은 삼십육계 줄행랑을 치기도 했고 어떤 분은 왜 무조건 영상을 찍어야 하냐며 반기를 들기도 했다.

유튜브 영상 몇 개 올리고 하루아침에 몇백 만 유튜버가 되지 않으니 하루 1개 어설픈 영상이 돈과 연결될 것이라는 믿음을 주는 것이 참 어려운 일이었다. 그래도 참을성을 가지고 매번 왜 자신이 완벽하게 준비되지 않았을 때부터 영상으로 현재의 모습을 기록해야 하는지 설명하고 또 설명했다. 애타는 내 진심이 조금은 통했는지 모두가 되든 안 되든 매일매일 밥 먹듯 영상을 올린다. 그야말로 찍고 올리고 찍고 올리고 있다.

나의 초기 영상들처럼 얼굴이 찌그러진 대표 이미지도 간간이 보이고 여러 번을 반복해서 봐도 무슨 말을 하고 싶은 것인지 알 수 없는 영상들로 가득하다. 그래도 나는 어떠한 잔소리도 늘어놓지 않는다. 부족한 영상이라도 하루 하나씩 올리는 게 중요하기 때문이다. 그 이상을 바라는 것은 이제 막 서기 시작한 한 살배기 아이에게 100미터 달리기 전력질주를 하라고 요구하는 정신 나간 엄마와 다를 바가 없기 때문이다.

커뮤니티 카페에 올라온 유튜브 영상 게시글 밑에는 여러 개의 하트뿅뿅 이모티콘이 달린다. '오늘 영상 짱입니다!' '엄지척!'이라는 응원의 메시지도 주렁주렁 달려 있다. 누가 봐도 어설프지만 이심전심으로 서로를 응원하며 끝까지 포기하지 말고 해보자는 무언의 다짐이 느껴진다. 아마도 그것은 아직은 어설픈 자신의 영상을 거대한 유튜브 공간에 올려놓기 위해 어렵게 '업로드' 버튼을 눌러본 자들만이 아는 동지애가 아닐까?

얼마 전 커뮤니티와 연결되어 한 신입생이 들어왔다. 이 신입생은 첫 번째 새벽독서 모임에 참석하는 줌미팅에서 1일 1유튜브 과제가 있다는 청천벽력 같은 소리를 듣더니 아니나 다를까 눈이 동그래졌다. "유튜브요? 저는 그런 거 못하는데요?" 새벽독서 모임 줌미팅에 들어왔다가 정말 새벽부터 봉변을 당한 얼굴로 울상을 짓고 있었다.

반면 기존 멤버들의 입가에는 야릇한 미소가 번졌다. 누군가 마이크를 켜고 이렇게 말했다. “별거 아니에요. 그냥 찍어서 올리시면 돼요.” 내 입가에도 야릇한 미소가 지어졌다.

부캐에 인간미를 가미하라

옆집 누나가 되어야 하는 이유

비즈니스를 하는 사람들은 항상 고객이 무엇을 원하는지에 귀를 기울여야 한다. 이제 고객은 완벽한 캐릭터에 반응하지 않는다. 그들은 자신과 별 다를 게 없는 사람이 노력해서 조금씩 변화하는 과정에 감명을 받고 공감을 한다. 그들은 더 이상 단순히 소비만 하는 '방관자'가 아니다. 하나의 브랜드가 만들어지는 과정을 지켜보면서 함께 공감하고 더 나아가 관여하기를 바라는 '동반자'로 봐야 한다. 내 부족한 유튜브 영상에 '좋아요'와 구독을 눌러주고 응원의 댓글도 달아주는 고객을 이제는 채널과 함께 성장하는 존재로 여겨야 한다.

다소 부족하지만 스토리가 진정성이 있고 자신의 상품과 서비스를 만들어내기 위한 노력이 고스란히 기록된 자료가 있다면 고객의 마음을 얻기가 훨씬 쉬워진다는 것을 알아야 한다. 자기 자신과 별반 다를 게 없는 평범한 사람들에게 위화감을 조성하는 것보다 바로 옆집 아저씨나 전화를 걸면 바로 받을 것 같은 친구 같은 느낌을 주는 게 중요하다.

온라인상에 부캐를 만드는 가장 궁극적인 목적은 고객이 나를 신뢰하게 만드는 데 있기 때문에 전문 유튜버가 될 필요는 없다. 즉, 당신의 부캐가 신뢰를 주는 캐릭터만 되면 되지 덕질할 대상이 될 필요는 없다는 것이다.

따라서 고객을 재정의해야 한다. 고객은 이제 나와 아무 상관이 없는 방관자가 아니라 함께 울고 웃으며 소통하는 동반자로 여겨야 한다는 것을 한번 더 명심하길 바란다. 처음부터 완벽하고 멋진 부캐를 만들어내는 데 집중할 필요가 없다. 처음에는 옆집 누나처럼 친구처럼 친근한 이미지로 다가가도 충분하다. 고객은 당신의 부족함을 넓은 마음으로 이해하며 옆자리를 지켜줄 것이라는 믿음을 가져도 좋다.

나를 알아봐주는 고객 찾기

부캐를 만들기로 마음먹고 영상을 찍기 시작하면 자신의 부족한 모습이 처절하게 드러나기 시작한다. 각도의 중요성을 따지는 것은 사치다. 카메라 앞에만 서면 작아지는 나 자신이 참 초라하게 느껴진다. 대부분은 초반의 자신의 모습을 영상에 담길 원하지 않는다. 캡모자나 선글라스로 위장술을 펼치기도 하지만 영상의 완성도를 점점 더 떨어뜨리기만 할 뿐이다. 웃기려고 찍는 것도 아닌데 마치 내가 개그맨이 된 것 같아 속이 상한다.

나의 처음 영상도 지금 보기에는 참 민망한 수준이다. 그러나 나는 과거의 모든 영상을 공개해뒀다. 많은 사람들이 내 유튜브를 역주행하며 봐주길 바라기 때문이다. 650개가 넘는 모든 영상의 콘텐츠를 다 볼 시간이 있는 사람은 별로 없겠지만, 적어도 650개가 넘는 영상을 4년째 꾸준히 올리고 있는 나의 성실함을 누군가는 알아줄 거라고 생각한다. 그리고 4년째 같은 메시지를 던지며 그것을 현실화하기 위해 끊임없이 노력하는 나를 발견해주길 바란다. 성공을 위해 잠시도 멈추지 않았던 나의 끊임없는 노력의 과정을 알아봐주는 사람과 연결되길 바란다. 과거의 못난 모습을 손가락질하며 부족함을 지적하는 사람이 아닌, 성장을 위해서는 멋진 결과보다 노력이 훨씬 중요하다는 사실을 깨닫는 지혜로운 사람과 연결되길 바란다.

다소 완성도가 떨어지는 영상이라도 타이밍을 놓치지 말고 찍어둬야 한다. 내 시행착오의 시간, 삽질의 시간을 기록해둬야 한다. 말투가 어눌할수록, 영상의 각도가 엉망일수록 좋다. 찌질미가 넘쳐흐르는 영상은 천연기념물처럼 고이 간직해야 한다. 그리고 그런 노력의 과정을 알아봐주는 좋은 사람들과 연결될 수 있도록 해야 한다.

결국은 '사람'이다

유튜브를 보고 연결된 고객들은 대부분 내 유튜브 부캐에 푹 빠져서 연락한다. 너무 재미있다고 하는 사람, 콜드콜을 배우고 싶다는 사람, 새벽독서에 함께하고 싶다는 사람 등 반응도 다양하다. 이런 반응을 받을 때마다 나도 재미가 난다. 언제 봐도 나의 부캐 엠제이킴은 정말 고맙고 사랑스럽다.

사람들의 반응들 중에서도 오랜 시간 동안 내 영상을 지켜보다가 연락을 준 사람들이 공통적으로 하는 것이 있다. 바로 고백이다.

처음에는 사실 경상도 사투리를 쓰며 남을 웃기기로 작정한 가벼운 채널로 생각했다가 현장에서 꾸준히 열심히 일하는 모습을 보여주는 영상을 보며 성실함과 진정성이 느껴졌다는 고객, 내가 비호감 캐릭터인 것 같아서 싫었는데 끊임없이 업로드되는 영상에서 내용의 본질을 집중해서 듣다 보니 나중에는 너무 공감되었다는 고객, 1년 전이나 지금이나 한결같은 메세지를 던지는 것을 보고 믿음이 갔다는 고객, 옛날 영상과 지금의 영상을 비교해보면서 발전하는 모습이 보여서 참 멋있다는 고객 등 다양한 반응을 들었다.

내용은 사뭇 달랐지만 메세지는 결국 하나라는 것을 깨닫는 데는 오랜 시간이 걸리지 않았다. 결국 고객은 호박이 마차가 되고 생쥐가 마부가 되고 재투성이 신데렐라가 세상에서 가장 예쁜 공주로 변신하는 그 '마법 자체'에 감동하는 것이 아니라, 그 변신을 가능하게 했던 신데렐라의 평소의 꾸준한 노력과 진실된 모습이 결국 변화를 가져온다는 '가능성'과 '희망'에 감동한다는 것이었다.

소비자든 공급자든 우리는 모두 사람이다. 완벽한 사람은 없다. 항상 실수하고 실패하며 2% 부족한 나를 받아들이며 좌충우돌 살아간다. 서로 부족함을 손가락질하기보다는 나도 부족하니 너도 부족한 게 당연하다며 서로를 위로해준다. 결국 모두가 같은 관점과 프레임으로 세상을 바라보는 인간이기 때문에 사람 냄새를 풍기는 당신의 부캐가 자신과 비슷한 인간적인 모습을 보여주게 되면 훨씬 공감을 얻기 쉬워지고 결국 마음의 문을 열게 될 확률이 높아진다.

현장 기록이 가장 핫한 콘텐츠다

진짜는 항상 현장에 있다

비즈니스 세계에서 실력자들이 모두 아는 사실이 있다. 바로 현장에 답이 있다는 것이다. 사업은 실전이기 때문에 탁상공론하고 앉아서는 어떠한 일도 일어나지 않는다. 머릿속에 있는 생각을 곧바로 실행으로 옮겨야 한다.

현장에는 고객이 있다. 고객이 나라는 존재를 만들어준다. 현장에서 만난 고객이 주는 모든 것은 내 사업의 데이터가 된다. 그것이 비록 매몰찬 거절이라도 말이다. 현장을 두려워하는 사람들은 머리로만 사업을 하는 사람들이다. 돈은 벌고 싶은데 현장에 가길 두려워한다는 뜻이다. 현장은 정글이기 때문이다. 자신의 안전을 책임져주는 시스템도 없을 뿐만 아니라 어떤 장애물을 만날지도 모른다.

모든 것이 불확실한 세상에 나를 던진다는 것은

큰 용기가 필요한 일이다. 그래서 용기로 돈을 번다고 하는 말도 있지 않은가. 안전지대에만 머물면 절대 돈과 연결될 수는 없다. 내 눈으로 직접 보고 경험하며 손으로 만져봐야 알 수 있는 것이다. 가끔은 현장 경험 없이 온라인 콘텐츠와 책 내용을 조합해서 자신이 전문가인 양 떠드는 사람들은 사기꾼에 가깝다고 봐야 한다. 사업은 절대 꾀를 내어 하는 것이 아니기 때문이다.

사람들은 그래서 진짜를 찾는다. 말로만 떠드는 사람이 아니라 진짜 현장에서 자신의 정체성을 찾고 그 속에서 자신이 해결할 문제를 찾아내는 진짜를 찾는다. 자신이 아무리 현장 경험이 많다고 해도 그것이 기록되지 않는다면 사람들은 당신을 찾아낼 수 없다. 그렇기 때문에 현장을 기록해야 한다. 내가 현장에서 어떻게 움직이고 있는지 사람들에게 보여줘야 한다. 그래야 사람들은 당신이 진짜임을 알게 된다.

'라떼는 말이야'는 이제 그만

나는 지금까지 사업을 진행하면서 쉬운 길을 택하지 않았다. 늘 현장에 나를 던졌고 항상 모르는 사람들을 새로운 인맥으로 만들어 나갔다. 2014년 겨울부터 비즈니스를 시작하면서 콜드 콘택트를 시작했다. 콜드 콘택트는 전혀 모르는 사람을 내 인맥으로 만들어 가는 과정을 말하는데 사실 참 어려운 일이었다. 사실 현장 경험 2등이라고 하면 서러울 정도로 실전 경험이 많지만 누군가가 "그

걸 어떻게 믿어요?" 하면 "그럼 내가 한번 보여줄게"라며 자신 있게 대답할 만한 증거자료가 없기 때문이다. 기껏해야 내 블로그에 업로드된 사진 정도가 다일 뿐이다.

그때 전국 방방곡곡을 다녔던 경험들이 '라떼는 말이야'로밖에 설명되지 않는다는 것이 너무 아쉽다. 그때부터 온라인 부캐를 만들기 시작했다면 얼마나 많은 콘텐츠를 만들어냈을까? 그때 함께 일하던 사람들이 나를 '콜드 콘택트의 여왕'이라고 불러줬지만 결국 그것을 증명할 자료는 없다.

2019년부터는 온라인에 부캐를 만들기로 작정하고 현장을 기록하기 시작했다. 삼각대와 무선마이크는 나의 팀원이었다. 항상 현장에 함께 있었고 멋진 팀워크를 만들어냈다. 현장을 기록하기로 마음먹기 시작하니 매 순간이 콘텐츠가 되었다. 미친 듯이 영상을 올렸다. 실제로 콜드콜을 하는 영상도 찍고, 고속도로 휴게소에서 차를 세워놓고 찍기도 했다. 산과 들, 강, 호수뿐 아니라 영화관, 식당, 커피숍 등 모든 환경과 공간이 멋진 배경화면이 되었다. 영상을 찍는 시간대도 다양했다. 보통은 낮에 영상을 찍었지만, 밤에 책을 읽다가 갑자기 내 머릿속으로 정리된 인사이트가 잊혀질까 봐 다들 자는 야심한 밤에 화장을 하고 정장을 차려 입고 카메라 앞에 서기도 했다.

그렇게 일단 아이디어가 떠오르는 대로, 느낌이 오는 대로 녹화 버튼을 누르고 '안녕하세요? 엠제이킴입니다'를 수백 번도 넘게 말했던 이유는 내가 애쓰고 노력한 순간들을 흘러가는 시간에 방치

해두고 싶지 않았기 때문이다. 그런 작은 노력들이 결국 나에게 큰 힘이 될 것이라고 믿었기 때문이다.

지금 내 유튜브 채널에는 나의 부캐 엠제이킴이 아직도 현장을 지키고 있다. 특별한 일이 없는 한 영원히 나의 현장을 지켜줄 것이고 사람들에게 나의 노력과 헌신을 증명해줄 것이다.

현장을 기록하라!

내가 올린 유튜브 콘텐츠 중에서도 현장에서 찍어올린 영상들은 대체적으로 조회수가 높다. 그것을 보면 사람들이 현장에서 일어나는 일들에서 힌트를 얻고 싶어 한다는 것을 알 수 있다. 화려한 조명 앞에서 딱딱한 의자에 앉아, '사업은 말이죠'라고 시작하는 꼰대 같은 영상에는 별로 반응하지 않는다는 것이다.

비즈니스 세계에서 '찐' 경험은 무조건 현장에 있다. 아무리 강조해도 부족하지 않다. 그렇기 때문에 온라인 부캐도 현장에 더 많이 있어야 한다. 좀 귀찮더라도 항상 삼각대와 무선마이크를 필수로 챙겨서 다녀야 한다. 물론 여유가 있어서 카메라맨을 고용하면 좋겠지만 사업 초보에게는 시기상조다. 유튜브 4년 차인 나도 아직도 모든 것을 혼자 해내고 있다. 요즘은 기술이 많이 발달되어서 조금만 노력하면 얼마든지 멋진 영상을 만들어낼 수 있기 때문이다.

과거에 기록된 게 아무것도 없어서 엄두가 나지 않는다면 쓸데없는 걱정은 접어두길 바란다. 지금부터 시작하면 된다. 그리고 되도록이면 생동감 있는 현장을 기록해내라. '별것도 아닌데 이런 것도 콘텐츠가 될 수 있을까?'라는 생각이 들어도 자신의 마음은 무시하고 기록해야 한다. 포인트는 '현장'이라는 것을 알면 된다.

현장 이동 중에 찍어보는 것도 좋고, 현장을 가기 위해 옷을 입거나 화장을 하는 모습을 과정을 찍어도 좋다. 혹은 현장에서 미팅을 마치고 나와 점심식사를 하면서 현장에서 느꼈던 마음을 기록해도 좋다. 비즈니스 현장과 연결되는 모든 것을 콘텐츠로 만들면 된다.

당신이 그렇게 열심히 움직이고 있고 현장에서 답을 찾으려고 애쓰고 있다는 그 마음을 영상에 담아 놓으면 된다. 그것이면 된다.

가끔 내 유튜브 채널에 들어가서 과거 현장에서 찍었던 영상을 본다. 항상 활기차게 그 자리를 여전히 지키고 있는 나의 부캐 엠제이킴을 볼 때마다 열정 넘치게 일했던 그 시간들이 떠오른다. 웬만한 동기부여 영상보다 더 힘이 있다.

현장은 늘 소중하다. 온라인이든 오프라인든 현장이 답이기 때문이다. 그러니 지금 당장 당신의 현장을 기록하라. 모든 현장 콘텐츠를 담아내어 영원히 살아 숨쉬도록 하라!

고객 인터뷰로 다른 사람의 힘을 이용하라

혼자서는 못해요

유튜버 신사임당의 채널에는 많은 게스트들이 등장한다. 주로 경제나 재테크 관련 영상이 많은데 신사임당은 상대가 가지고 있는 지식과 경험을 편안하게 이야기할 수 있도록 질문으로 멋진 답을 잘 유도한다. 덕분에 구독자들은 여러 전문가들의 이야기를 통해 '엑기스 있는' 정보를 많이 얻어갈 수 있다. 유용한 채널이라는 생각이 든 사람들은 구독을 하고 '좋아요'로 정보 제공에 대한 감사함을 표현한다. 그는 이제 170만 명이 넘는 구독자를 가진 진짜 신사임당보다 훨씬 유명한 '신사임당'이 되었다.

만약 유튜버 신사임당이 혼자 영상을 찍었다면 지금처럼 구독자가 그렇게까지 많아졌을까? 혼자 영상에 나와서 대한민국의 경제를 논하며 부동산 투자를 이렇게 해야 하고 재테크는 저렇게 해야 한다고 줄기차게 이야기했다면 과연 지금의 결과를 만들어낼 수 있었을까?

아마도 아니었을 것이다. 물론 자신이 가진 정보와 지식도 많았겠지만 신사임당은 다른 사람의 힘을 잘 이용해서 자신의 콘텐츠를 더 탄탄하게 만들어 나갔다. 사회적 인지도가 있는 사람들 혹은 자신의 분야에서 결과를 만들어낸 사람들과 이야기를 나누면서 돈을 벌기 위해서 해야 할 것과 하지 말아야 할 것들을 구독자들을 대신해 정리해줬다. 그 덕에 구독자들은 집에서 편안하게 여러 가지 꿀팁들을 얻어갈 수 있었다.

혼자서는 성공하기 힘든 시대다. 경쟁 구도로만 사업을 하는 시대는 이제 끝났다. 이제는 다른 사람들과 조화를 이루어 서로 윈윈할 수 있는 비즈니스 모델이 필요한 시대다. 이는 곧 다른 사람의 힘도 적절히 사용할 줄 아는 지혜를 갖춰야 한다는 것을 의미한다. SNS 채널의 다양화와 온라인 시대의 도래로, 혼자 잘나고 혼자 아이디어가 있으면 승승장구할 것 같지만, 지금은 연결이 답인 시대라는 것을 알아야 한다. 진정한 연결은 '혼자서도 잘해요'라는 고집을 버릴 때 가능하다. 사업에서 정답은 없다. 모두가 부족한 것투성이다. 그런 부족함을 인간미 넘치게 드러내고 부족한 사람들끼리 협업을 통해 솔직 담백한 콘텐츠를 만들어내는 센스를 발휘할 때다.

고객 인터뷰를 시작하다

나는 콜드콜로 한참 사람들을 만날 때 온라인 부캐도 함께 키워나는 일을 게을리하지 않았다. 처음에는 콜드콜 현장을 어떻게 온라인으로 옮겨놓을까 고민하다 미팅 장소에 들어가기 전에 느끼는 감정을 찍거나 혹은 미팅을 끝난 직후 결과와 느낀 점을 영상으로 담았다. 콜드콜 미팅의 순간을 영상으로 남기기가 쉽지 않았기 때문이다.

하루는 콜드콜 미팅을 통해 신뢰가 어느 정도 쌓이게 된 A라는 자영업자에게 용기를 내어 부탁을 했다. 유튜브 채널에서 콜드콜 미팅을 하고 있다는 이야기를 혼자 하는 것보다 실제로 나의 콜드콜 전화를 받아 나를 만난 사람들의 이야기를 담아내는 게 훨씬 좋겠다는 생각이 들었기 때문이다.

"사장님, 인터뷰 영상 하나만 찍어주실 수 있어요?" A는 손사래를 치면서 "나 카메라 울렁증 있어. 그리고 나 말도 잘 못해"라며 단칼에 거절했다. 예상한 반응이었다. 그래도 포기하지 않고 인터뷰를 좀 해달라고 살살 달래기 시작했다. "사장님 얼굴 안 나오게 할게요. 그냥 저를 어떻게 만나게 되었는지, 만났을 때 어떤 느낌이었고 지금 마음은 어떤지 정도로만 질문할게요. 부탁할게요, 사장님, 네?" 몇 번의 거절 끝에 A는 포기한 듯 인터뷰를 수락했다.

녹화가 시작되자 좀 전까지 카메라 울렁증이 있다고 했던 A는 매우 자연스럽게 프로 못지 않은 자세로 인터뷰에 응해줬다. 분명 얼굴이 나오지 않는다고 했는데도 화장을 다시 고치며 한 번만 다시 찍자고 오히려 더 적극적인 자세를 보이기도 했다.

집에 와서 편집해서 유튜브에 영상을 올리고 보니 생각보다 훨씬 영상의 콘텐츠가 괜찮게 느껴졌다. A의 등장이 콘텐츠를 더욱 맛깔나게 만들어준 것이다. 인터뷰 영상은 조회수도 높았다. 그날 이후부터 고객의 인터뷰 영상을 만들기 시작했다. 다양한 사람들과의 인터뷰로 인해 콘텐츠의 퀄리티가 높아졌고 내 유튜브 채널의 구독자 수도 점점 더 늘어났다.

메시지를 고민하자 영상이 좋아졌다

고객 인터뷰의 횟수가 늘어날수록 나는 더 멋진 질문을 준비했다. 어떻게 하면 내 채널이 방향성에 맞게끔 질문을 유도할 수 있을지 고민하다 보니 나름 영상 기획력도 생겼다. 대충 그냥 생각나는 대로 찍는 게 아니라 이왕이면 구독자들에게 던지고 싶은 핵심적인 메세지를 고민하게 되니 자연스럽게 영상의 퀄리티가 좋아질 수 밖에 없었다.

그렇게 하나 둘 쌓인 인터뷰 영상으로 내 채널의 콘텐츠가 풍성해졌다. 그 영상들을 보고 콜드콜 미팅에 대한 관심이 높아지면서 실제 나에게 이런저런 질문을 던지는 구독자들이 늘어났다. 구독자들의 반응들을 보면서 내 유튜브 채널의 어떤 콘텐츠에 사람들이 더욱 반응하는지 알 수 있는 계기도 되면서 잠재 고객들의 니즈를 파악할 수 있는 기회가 되었다.

그냥 한번 시작해본 인터뷰 영상을 통해 나는 많은 것을 얻게 되었다. 왜 혼자서는 성공하지 못하는 시대라고 말하는지 인터뷰 영상을 만들면서 깊이 이해하게 되었고, 때로는 무거운 돌을 혼자 들지 않고 지렛대를 이용하는 지혜도 필요하다는 사실도 깨닫게 되었다. 또한 다양한 사람들과 소통하는 능력을 자연스럽게 보여줌으로써 잠재 고객의 신뢰도 높일 수 있는 효과까지 생겼다.

상대를 나쁜 마음으로 이용하는 것은 도덕적으로 옳지 않은 일이지만, 내 콘텐츠로 다른 사람들을 더 돕겠다는 좋은 마음으로 남의 힘을 빌리는 것은 나쁜 일이 아니라 지혜롭고 스마트한 일이다.

당신의 온라인 부캐를 외롭게 혼자 일하게 만들지 말고 친구를 만들어주길 바란다. 다른 부캐들을 만나게 해서 더욱 콘텐츠의 퀄리티를 높이길 바란다. 이제 혼자서는 성공하기 어려운 시대니까.

카피라이터가 되어야 하는 이유

온라인 부캐를 만드는 시작을 성공했다면 50%는 성공한 것이다. 사실 많은 사람들이 생각만 하고 실행에 옮기지 못하기 때문에 실제로 자신의 계획을 행동으로 옮겼다면 대단한 일을 한 것이다.

실행에 옮겼다면 그다음으로 해야 할 일이 있다. 바로 온라인의 부캐가 좀 더 많은 사람들을 만날 수 있도록 해주는 것이다.

만약 내가 공들여 만든 콘텐츠가 다른 사람들의 관심을 받지 못한다면 속상하지 않을까? 그러나 그 사람들을 탓할 수만은 없다. 온라인 공간에는 너무나 많은 콘텐츠가 사람들을 유혹하고 있기 때문이다. 자신의 콘텐츠를 봐달라고 대단한 전략과 기술로 덤벼들기 때문에 착하고 순진한 마음으로 그들과의 경쟁에서 이기는 것은 쉽지 않다.

내가 만든 온라인 부캐가 사람들의 사랑과 관심을 더 많이 받기 위해서는 어떻게 해야 할까? 바로 카피라이터가 되는 것이다. 카피라이터는 보통 슬로건이나 캐치프레이즈 같은 광고 문안을 만드는 사람을 말한다. 사람들의 기억 속에 남은 매력적인 글과 문장을 만들어내는 능력자들을 말한다.

'나는 그럴 만한 깜냥이 못돼'라고 벌써 패배자의 태도를 취할 이유는 없다. 조금만 노력하고 신경 쓰면 충분히 멋진 카피라이터가 될 수 있기 때문이다.

온라인 부캐가 다른 사람들을 비롯해 세상과 잘 연결되고 홍보되기 위해서는 반드시 카피라이터의 자질을 길러서 나의 부캐를 사람들이 궁금해하도록 만들어야 한다.

소개팅 자리에 대충 무릎 나온 운동복으로 입고 나간다면 상대방에게 퇴짜 맞을 확률이 높다. 아무리 뇌섹녀, 뇌섹남이라 해도 혹은 아무리 멋진 마인드를 갖고 있는 사람이라도 해도 상대방에게 잘 보이고 싶은 마음이 전혀 없는 사람의 첫인상을 좋게 볼 사람은 아무도 없다. 오히려 예의가 참 없는 사람이라고까지 오해받을 수 있을 것이다.

겉모습이 다는 아니지만 자신의 매력을 표현하고 어필하는 데 반드시 우리는 성의를 보여야 한다. 평소 안 뿌리던 향수도 좀 뿌릴 줄 알고, 고데기로 웨이브도 좀 만들 줄 알아야 한다. 때로는 필요에 의해서 화장발, 조명발도 세울 줄 아는 것도 사업가의 태도라고 생각한다.

숲 속의 비밀이야기

유튜브를 처음 시작했을 때 나는 참 순진했던 것 같다. 열심히 만든 영상이니까 진심 어린 마음으로 제목을 달고 영상을 올리면 모두가 내 노력을 알아주고 대단하다고 멋지다고 해줄 줄 알았다. 영상 제목에 영상의 메세지를 최대한 반영해 진정성을 담으려고 했다. 한번은 공원에서 영상을 찍으려고 나갔는데 좋은 장소를 물색하다가 나무가 많고 조용한 곳을 발견했다. 나름 현장감도 있고 빽빽이 우거진 나무 아래서 찍으면 괜찮겠다 싶어서 녹화 버튼을 누르고 영상을 찍었다. 대체적인 내용은 '지금까지 사업을 하면서 느꼈던 마음들, 힘들었던 점' 등에 대한 이야기였다. 영상을 편집하고 제목을 정하는 순간이 왔다. 찍었던 장소와 영상의 내용들을 적절히 조합해서 '숲 속의 비밀이야기'라고 했다. 빽빽한 '숲 속'이 맞고, 내가 느꼈던 감정을 솔직하게 이야기했으니 '비밀이야기'가 맞지 않은가?

지금 생각하면 참 우습다. 정말 마케팅을 모르고 고객을 모르고 카피라이팅이 뭔지 모르고 덤비게 되면 어떤 유튜브 제목이 나오게 되는지 보여주는 참 좋은 예다. 우선 비즈니스 냄새가 전혀 나지 않는다. 누가 보면 이솝 우화 이야기 중 하나라고 착각하기 딱 좋은 제목이다. 혹은 19금 영화 제목에나 걸맞은 것일 수도 있겠다. 전략도 없고 기획력도 없는 제목이다. 그러나 저런 흑역사가 있었으니 지금의 좀 다듬어진 모습도 가질 수 있지 않았을까?

아마 지금 내가 영상 제목을 다시 정한다면 적어도 '숲 속'이라는 단어는 과감히 버리고 '5년 사업 돌아보니……' 정도로 여운을 남기는 센스를 발휘할 것이다. 영상 제목이 영상을 정리하고 대변하는 용도로 쓰이는 게 아니라 영상을 궁금하게 만드는 데 필요한 엄청난 도구임을 이제는 알기 때문이다.

가끔 나무로 빽빽한 숲 속에 갈 일이 있으면 항상 그때의 영상이 떠오른다. 그리고 생각한다. '아직 그 소나무는 잘 있을까?' 피식 혼자 한번 웃고는 그때의 내 초심을 잃지 말자고 다짐해본다.

며르치탈출구, 결국 카피라이터 초보를 탈출하다

커뮤니티 멤버 중 궤양성 대장염을 오랜 시간 앓다가 비타민 요법으로 건강을 되찾은 A를 처음 만났을 때가 기억난다. 개성 있는 성격의 소유자인 A는 자신의 엉뚱함이 사업에 도움이 될까 고민했는데 나는 그에게 더 엉뚱해지라고 말했다. 고객들은 그런 것을 좋아한다고 이야기해주면서 마음껏 자신의 색깔을 내라고 한 것이다. 어느 날 그가 연락을 해서 며칠 고민한 브랜드명이 있다며 한번 봐달라고 했다.

카톡 창을 응시하던 나는 박장대소를 할 수밖에 없었다. 그는 '며르치탈출구'라는 유튜브 채널명을 나에게 공개했다. 자신의 아픈 경험을 웃음으로 승화시키는 센스를 보니 엄지척을 할 수밖에 없었다. 정말 먹어도 잘 살이 찌지 않는 궤양성 대장염 환우들이 공감할 수밖에 없는 이름이었다. 나는 브라보를 외쳤다. 지금은

'머탈궤탈TV'라는 이름으로 유튜브 채널을 계속 운영하고 있다. 얼마 전에는 '궤양성 대장염 먹방채널'이라는 센스 충만한 유튜브 제목으로 영상이 올라왔다. A는 점점 더 멋진 카피라이터가 되고 있었다. 질병을 앓는 것 자체가 스트레스일 것인데 그것을 유머와 위트로 무장한 키워드로 멋진 브랜드를 만들고 있는 A의 변화를 보며 보람을 느끼지 않을 수 없었다.

사업은 예술과 같다. 상상력을 발휘하고 엉뚱함을 발휘해야 한다. 그래서 사람들의 궁금증을 자극해서 관심을 받아야 한다. 한마디로 '관종'이 되어야 한다. 소비자 관종! 소비자들의 관심을 받고 싶어서 안달이 나야 한다.

내 SNS의 영상과 글이 그들을 유혹하도록 해야 한다. 그래서 주목을 받아야 한다. 주목을 받아야 나라는 사람을 알릴 수 있다. 사업은 숨바꼭질이 아니다. 꼭꼭 숨어서 '나를 찾아보세요'라고 말하는 게 아니다. 손을 최대한 쭉 뻗어서 다른 누구보다도 눈에 띄도록 애를 써야 한다. 그러기 위해서는 센스를 발휘해야 한다. 한 단어, 한 문장이라도 매력이 넘치도록 고민해야 한다. 될 대로 되라는 식으로 대충 해서는 안 된다. 어차피 고객과의 관계에서 나는 갑이 아닌 '을'이다. 한마디로 짝사랑이다. 어차피 불리한 게임이다. 그러니 지금부터 멋진 카피라이터가 되어 그들의 눈에 들어야 한다. 그들을 멋지게 유혹해서 결국 나를 선택할 수 있도록 해야 한다.

SNS 노가다를 절대 멈추지 마라

SNS 노가다를 시작하라

온라인 부캐를 만들어놓고 흔히 하는 실수가 있다. 바로 SNS 콘텐츠를 만드는 데 게으름을 피우는 것이다. SNS를 노가다라고 생각하고 시작해야 한다. 시간이 있어서, 여유가 있어서 만드는 게 아니다. 그것이 블로그의 글이 되었든 유튜브의 영상이 되었든 마찬가지다.

특히 블로그나 유튜브의 알고리즘은 우리의 편이 아님을 알아야 한다. 그들은 그 플랫폼을 만든 회사 소속이다. 그렇기 때문에 자신들의 회사에 더 많은 이익을 주는 사람이 유리할 수 있도록 한다.

각 회사 플랫폼에 고용된 AI는 철저히 데이터에 근거해서 사람을 판단한다. 주관적인 견해는 없다. 실수를 용납하지 않으며 게으름은 더더욱 그렇다. 그들의 플랫폼에 꾸준히 매일 지속적으로 콘텐츠를 올리는 사람을 선호하며, 콘텐츠의 퀄리티가 좋길 원한다. 그래야 많은 사람들이 구독 및 팔로우를 해서 자신들의 플랫폼을 더 많이 이용하기 때문이다.

이런 AI의 알고리즘을 이해한다면 오늘부터 당신이 해야 할 것이 있다. 바로 SNS 노가다다. 우선 첫술에 배부를 수도 없고 갑자기 10만, 100만 유튜버가 될 수도 없는 노릇이다. 그럴 때는 우선 양으로 승부해야 한다. 매일 꾸준히 SNS에 글과 영상을 만들어 올려야 한다. 처음부터 완벽한 콘텐츠가 나올 수 없다. 그것은 불가능하다. 완벽함을 추구하려고 매일 계획만 세우다 보면 실천으로 옮기기가 어려워진다. 그렇기 때문에 당장 시작하는 게 중요하다.

SNS 노가다는 기분이 내켜서 하고 컨디션이 나빠서 못하고 하는 게 아니다. 그냥 매일 노가다 현장에 나가서 돈을 벌어야 먹고 사는 상황이라고 생각하고 그냥 생각 없이 매일 습관처럼 해나가는 일이다. 그런 마음으로 임해야 한다. 영상을 자꾸 찍다 보면 자신의 방향성도 생기게 되고 감도 잡히게 된다. 꾸준하게 지속하는 힘을 가지는 것이 가장 중요하다. 비즈니스는 단기전이 아니라 장기전임을 잊지 말고 매일 SNS 노가다를 지속해보자.

지속하면 생기는 일

둘째 아이를 낳고 석 달쯤 되었을 때다. 집에서 육아, 가사만 계속 반복하다 보니 자꾸 내가 작아지는 느낌이 들었다. 뭔가를 시도하고 싶은 마음에 내가 처한 상황에서 할 수 있는 것을 찾았다. 그러다 블로그에 엄마표 영어를 주제로 콘텐츠를 만들기 시작했다. 영어교육현장의 오랜 경험도 있었지만 미국에서 어렵게 딴 영어교육학 석사 학위를 썩히기에는 아까운 마음이 들었다.

블로그의 알고리즘을 이해하지 못했기 때문에 블로그 초보티를 벗기 위해 여기저기 온라인 카페를 기웃거리며 정보를 얻다가 블로그에 상위 노출되기 위한 팁을 알려주는 글을 봤다. 그 글에서는 꾸준히 포스팅을 올리는 게 중요하다고 무조건 하루에 3개 정도는 올려야 한다고 했다. 글의 완성도를 떠나 블로그에 하루에 세 개씩 글을 올리는 것부터 시작해보자고 마음을 먹었다. 그날 이후부터 나는 하루에 세 개씩 비가 오나 눈이 오나 바람이 부나 글을 올리기 시작했다.

처음 몇 달은 좀 속은 느낌이 들었다. 매일 출근하듯 컴퓨터 앞에 앉아서 육아를 병행하며 몇 시간씩 공을 들여 글을 썼지만 블로그 방문자 수는 거의 늘지 않았다. 나는 점점 지쳐갔다. 산후조리를 잘해도 나중에 몸이 아프다는데 이러다가 몸도 마음도 다 상할까 봐 걱정이 되었다. 그렇다고 그만두자니 지금까지 한 게 아까워서 이러지도 저러지도 못했다.

그렇게 SNS 노가다에 지쳐가던 어느 날이었다. 하루 전날만 해도 방문자 수가 30~40명에 불과했는데 갑자기 방문자가 1,000명이 훌쩍 넘는 것이 아닌가? 나는 내 눈을 의심할 수밖에 없었다. 도대체 무슨 일이 일어난 건지 이리저리 알아보니 내 포스팅 하나가 사람들이 많이 검색하는 키워드에 상위노출이 되었다는 사실을 알게 되었다. 한마디로 내 블로그 포스팅 중 하나가 하루아침에 '떡상' 한 것이다. SNS 노가다에 지쳐서 블로그를 접을까 고민했던 마음은 온데간데없어졌고, 그날 이후부터 더욱 사활을 걸고 SNS 노가다에 매진했다. 내 블로그는 점점 더 '엄마표 영어'라는 키워드로는 항상 가장 많이 검색되는 '인싸' 블로그로 자리 잡기 시작했다.

상위노출에 신이 나서 열심히 블로그를 하고 있었을 무렵 ○○교육에서 연락이 왔다. 영유아 상대로 영어 교재를 만드는데 교재 부록 CD에 들어가는 엄마표 영어 강의자가 되어 달라는 제안이었다. 처음에는 사기인가 싶어서 여러 번 확인했다. 그냥 꾸준히 포스팅을 올린 것뿐인데 대형 출판사에서 먼저 연락해서 그런 제안을 한다는 게 현실적으로 와닿지 않았다. 그때까지도 SNS 노가다를 지속한 나의 끈기가 그런 대단한 결과로 이어질 줄은 꿈에도 상상하지 못했으니까.

끈기 있는 자가 고객을 차지한다

SNS 노가다를 시작하기로 마음먹었다면 무조건 지속하는 데 의미를 둬야 한다. 오프라인이든 온라인이든 고객의 신뢰를 얻는 방법은 똑같다. 누가 보든 보지 않든 묵묵하게 내 길을 가야 한다는 것이다. 양은냄비처럼 쉽게 끓어올랐다가 또 쉽게 식는 사람을 믿어주는 사람은 없다. 그렇기 때문에 오프라인의 본캐 못지않게 온라인 부캐도 꾸준함으로 승부해야 나의 부캐도 온라인 세상에서 경쟁력을 가질 수 있게 된다.

멋진 영상 몇 개만 가지고는 절대 고객의 관심을 끌 수도 없고 신뢰를 줄 수도 없다. 소비자는 이 사람이 무엇을 하나 하면 꾸준히 해내는 사람인지를 확인하고 싶어 한다. 자신의 시간과 돈을 투자할 만한 사람인지 보려면 당연한 과정이라고 생각한다. 그러니 당신의 노력, 헌신, 끈기를 증명해내야 한다. SNS 노가다를 통해서 증명해내야 한다. 너무 잘 보일 필요는 없다. 고객은 스스로 알아서 당신의 꾸준함을 어떤 방식으로든 알아내고 알아준다. 2%가 아닌 200%가 부족하다 하더라도 영상을 꾸준하게 만들어가는 것이 중요하다.

매일 온라인에 내 흔적을 남겨라. 어제의 나의 나태함을 담고 어제의 내 어리석음을 담고 어제의 내 교만함을 담아내야 한다. 그 기록들이 연결되어 부족한 내가 결국 성장하고 발전하는 모습을 세상에 증명해내야 한다.

따라서 SNS 노가다를 멈추지 마라. 만약 유튜브로 시작하겠다고 생각했다면, 삼각대를 내 애인으로 무선마이크를 내 친구로 삼아라. 가장 나다운 모습을 담아내라. 버벅거리는 영상이라도 좋고 각도의 중요성은 멀리 내다버린 것 같은 영상이라도 좋다. 그냥 지금을 담아라. 어쩌면 당신이 멋진 사업가로 성장했을 때(지금의 모습이 기억이 나지도 않겠지만) 아마 억지로 쥐어 짜내려 해도 지금의 그 철철 넘치는 부족함을 감히 흉내 내지도 못할 것이다. 그리고 조금 더 솔직해져라. 인위적인 표정과 만들어진 멘트보다는 차라리 '지금 잘 못하지만 앞으로 더 노력해서 더 나는 영상을 만들 것이다'라는 멘트를 날려라. 받아쓰기 100점 맞기 위해 컨닝하는 학생보다 좀 많이 틀려도 오답노트를 꼼꼼하게 써서 다음 받아쓰기에 좀 더 나은 점수를 받아 성장해나가는 학생이 더 예쁘지 않은가?

담임선생님처럼 나의 일거수 일투족을 지켜보는 소비자가 내 도처에 있다는 것을 잊지 마라. 누구의 시선도 집중되지 않는 시간이 모두에게 집중되는 시간보다 훨씬 중요하다는 사실을 기억하며 SNS 노가다를 멈추지 마라. 끈기 있는 자가 반드시 고객을 차지할 것이다.

6장

L e a d i n g

퍼스널 브랜딩 목표, ‘커뮤니티 리더’

사업은 리더십 게임이다

본질에 충실하라

사업의 본질이 무엇이라고 생각하는가? 사업은 무엇 때문에 존재한다고 생각하는가? 진정한 사업가라면 이 질문에 대해 망설임 없이 대답할 줄 알아야 한다. 결론부터 말하자면 사업은 고객이 있기 때문에 존재하는 것이다. 고객은 감정을 가진 사람이다. 비즈니스는 그런 복잡한 심리를 가진 사람을 다룰 줄 알아야 하는 게임이다. AI에게 상품과 서비스를 판매하는 것이 아니다. 모든 것이 사람과의 거래다. 그러므로 사람을 잘 다룰 줄 알아야 비즈니스의 성공 열쇠를 거머쥘 수 있다고 생각한다.

안타깝게도 비즈니스를 하는 사람들이 대부분 사람에 집중하지 않고 상품에 집중하는 우를 범한다. 내 상품, 나의 솔루션만 몰입한 나머지 근본적인 본질을 잊어버리는 경우가 많다. 결국 내가 왜 사업을 시작하게 되었는지, 결국 내가 해야 될 역할이 무엇인지 생각하지 못한 채 정작 중요하지 않은 것에만 집중하고 있는 경우가 많다.

따라서 사업가는 사업의 본질을 잊지 않기 위해서 애써야 한다. 결국 사업은 사람을 다루는 일, 사람의 감정을 어루만지는 일, 사람과 공감하는 일임을 깨달아야 한다.

이처럼 사업의 본질을 잃지 않고 사업가의 길을 가다 보면 어느새 나의 말을 신뢰하는 사람들이 늘어나고 있음을 알 수 있다. 다르게 표현하면 나를 따르는 사람들이 늘어나고 있다는 말과 같다. 따라서 제대로 된 사업가는 반드시 사람을 리딩하는 능력, 즉 리더십을 갖춘 사람이라는 결론을 도출할 수 있다.

리더십이 있는 사업가는 상품 거래에만 집중하는 장사치와는 레벨이 다르다. 그들은 당장 눈앞의 이익 때문에 사람을 놓치는 실수를 하지 않는다. 그들은 고객을 섬길 줄 알고 헌신할 줄 안다. 내 이익에만 집중하지 않고 한 사람 한 사람을 소중히 다룰 줄 안다. 상대방의 문제에 집중하며 그 사람의 문제를 내 문제라고 생각하며 진정성을 가지고 사람에게 다가간다. 그 결과 돈을 남기는 게 아니라 사람을 남긴다.

개인 플레이어에 불과했던 리더

2015년부터 2018년까지 햇수로 4년간 A팀의 리더로 일한 경험이 있다. 물론 지금도 커뮤니티를 리딩하고 있지만 A팀을 이끌 때는 리더십에 대한 이해도 없었고 사람을 다룰 줄 아는 기술도 없었다. 항상 의욕만 앞섰다. 열정이 넘쳤고 팀원들이 나의 속도와 방향성을 따르길 원했다. 내 목표가 팀의 목표라고 생각하고 따라오지 못하는 사람들을 품을 줄 몰랐다. 한마디로 나는 리더십이 없었다.

가장 크게 놓치고 있었던 것이 바로 '사람'이었다. 나만큼 열정이 없을 수도 있고 각자의 성향이란 게 있었을 텐데 나의 기대에 부합하지 못하는 사람들을 이해하지 못하고 그들을 내 기준에 맞추려고 애를 썼다. 그러다 보니 팀원들은 나에게 마음을 열고 다가오지 못했다. 사람들의 마음을 사지 못했던 것이다.

안타까운 점은 나는 최선을 다했다는 것이다. 비록 리더십은 부족했지만 혼자 현장에서 만들어내는 결과물은 남들이 모두 인정할 정도였다. 그러나 사업의 최종 목표가 리더십이라는 것을 감안하면 결론적으로 나는 나의 에너지를 효율적으로 쓰지 못했다는 것이 팩트다.

그렇게 리더십이 없는 상태로 팀을 이끌다가 2018년 어떤 일을 계기로 팀이 하루아침에 와해되었다. 나름의 오해도 있었고 나의 판단 착오도 있었다. 그러나 그 당시에는 내가 최선을 다해 만든 팀이 일순간에 무너지는 상황을 보면서 나를 탓하지 않고 상황과 남들을 탓하기에 급급했던 것 같다. 내가 만약 팀원들과 평소에 잘 소통해서 그들의 마음을 얻고 있었다면 팀이 그렇게 허무하게 무너지지 않았을 것이다. 결국 나는 팀 리더가 아니었던 것이다. 나는 그냥 스스로를 리더라고 착각하는 개인 플레이어였던 것이다.

많은 사람을 단기간에 잃음으로써 경제적으로도 손실이 컸다. 수입의 5분의 1이 줄었기 때문이다. 엎친 데 덮친 격으로 내 개인적인 문제까지 덮쳐서 정신을 차릴 수가 없었다. 정말 최악의 상황이었다. 내 인생에 이렇게 힘들 때가 있었나 할 정도로 극심한 스트레스를 겪었다.

위기가 준 선물

비즈니스에서는 성공 데이터보다 실패 데이터가 100배 더 가치가 있다. 실패를 통해 데이터를 얻고 수정하고 보완하는 것이 바로 사업을 성장시키는 일이기 때문이다. 팀을 잃고 사람을 잃었던 경험은 돈을 주고도 살 수 없는 가치 있는 일이었다고 생각한다. 그 실패 데이터를 통해 진정한 리더십이란 무엇인지 생각해보는 계기가 되었고, 사업의 본질을 깨닫지 못하고 사업가 흉내를 내게 되면 어떤 리스크가 발생하게 되는지도 깨닫게 되었다. 그뿐만 아니다. 사람과 제대로 소통하지 못하면 절대 사람의 마음을 얻지 못한다는 것도 알게 해준 선물 같은 경험이었다.

네비게이션이 없이는 목적지에 다다를 수 없는 시대다. 끝이 어디인지 알고 가는 길에서 만나는 실패는 데이터가 되어 내 사업에 밑거름이 될 수 있지만, 내가 사업을 하는 목적과 이유가 명확하지 않은 채 겪게 되는 실패들은 내 사업의 방향성을 잃게 만들 수도 있다. 따라서 사업의 마지막 종착역이 어디인지 알고 길을 떠나야 한다. 목적지가 멀어도 어디를 향해 가고 있는지 확실한 로드맵만 있으면 된다.

사업가의 최종 목적은 바로 리더십 게임에서 승리하는 것이다. 다시 말해 나를 믿어주는 사람을 남기는 일이다. 그러기 위해서는 사람들을 책임감을 가지고 이끌기로 작정해야 한다. 좀 손해를 보더라도 내 문제가 아닌 상대방의 문제에 더욱 집중하는 이타심을 발휘해야 한다. 사람들이 나를 신뢰하는 것, 위기 속에서 그 신뢰가 더욱 빛이 나게 하는 것, 마음과 마음이 통하는 것, 말과 행동이 일치하는 것, 말만 앞서지 않고 실행으로 증명하는 것. 나는 그런 것이 사업가가 갖춰야 할 진정한 리더십이라고 생각한다.

내가 실패 데이터를 통해서 쌓고 깨달은 사실은 멋진 사업가가 되기 위해서는 사람의 마음을 얻을 줄 알아야 한다는 것이었고, 더 중요하게는 사람의 마음을 얻으려면 '진짜'가 되어야 한다는 사실이다. 사업의 시작과 끝은 결국 사람이다. 신뢰하는 '내 사람' 없이 시작하는 사업은 지속될 수 없으며, 사람 없이 진행되는 사업도 불가능하기 때문이다. 사업을 한다면 반드시 사람을 남기자는 마음으로 임하라. 그러면 진심을 알고 신뢰를 아는, 사람을 남기는 진짜 리더가 될 수 있을 것이다.

무식하게 지속하라

비가 오나 바람이 부나 계속한다

리더십이 있는 사업가들에게는 공통적인 특징이 하나 있다. 그들은 모두 '무식할 정도로 지속할 줄 아는 사람들'이라는 사실이다. 여기서 '무식'하다는 말을 글자 그대로 받아들이면 곤란하다. 내가 말하고자 하는 '무식하다'는 의미는 한번 결단하면 이것저것 재지 않고 앞만 보고 달려가는 것을 말한다. 하나에 꽂히면 누가 뭐라고 해도 흔들림 없이 소신 있게 밀고 나가는 뚝심이라고 하면 좀 이해하기 쉬울지 모르겠다. 다시 말해 남들이 보기에 '어지간하다'라는 소리 정도는 들어야 여기서 말하는 '무식함'이라는 훈장을 받을 수 있다.

사람과 사람 사이의 신뢰는 쉽게 형성되지 않는다. 특히 비즈니스 세계에서 신뢰 쌓기란 정말 어려운 일이다. 각자 자신의 이해관계가 있기 때문에 어떠한 접점을 찾는 데 많은 시간과 돈을 투자한다. 이렇게 구축하기 어려운 신뢰를 쌓는 데 무식한 지속력이 큰 역할을 한다.

그동안 만나온 많은 사업가들은 한 번의 만남이나 몇 마디 이야기로 나를 믿어주지 않았다. 그들은 충분한 시간을 두고 나를 지켜봤다. 먼발치에서 지켜보면서 '과연 내가 믿을 만한 사람인지'를 테스트했다. 사실 처음에는 내 말을 믿어주지 않는 사람들 때문에 '내가 그동안 잘못 살아왔나?' 하는 생각이 들기도 했다. 내 말을 믿어주지 않는 것도 모자라 나를 의심하는 듯한 눈길이나 말이 돌아올 때는 서운한 마음까지 들었다.

지금 와서 돌이켜보면 당연한 일이다. 지금은 나도 누군가의 말을 쉽사리 믿지 않는다. 말이 번지르르하다고 해서 믿는 일은 없다는 의미다. 과연 그 사람이 그 말을 지키기 위해 오늘 무엇을 행하고 있고 또 그것을 얼마나 지속하는지를 지켜본다. 내가 관찰한 결과 생각보다 많은 사람들이 지속하지 못하고 포기하는 경우가 많다. 그런 사람들은 곧바로 나와 앞으로 거래하지 않을 '탈락자'로 낙인찍힌다.

반면 리더십이 있는 사람은 누가 보든 보지 않든 묵묵하고 무식하게 계속 같은 일을 반복하며 자신만의 모멘텀을 만들어간다. 정말 비가 오나 눈이 오나 바람이 부나 꿈쩍도 하지 않고 그 자리를 지키고 자신이 해야 할 일은 지속한다. 그것을 지켜보는 다른 사람이 질려버릴 정도로 말이다.

인증샷을 찍는 이유

요즘에는 '타임 스탬프' 등의 어플이 있어서 자신의 활동을 쉽게 인증할 수 있다. 어플을 이용해 사진을 찍게 되면 사진에 찍은 날짜와 시간이 함께 스탬프 찍듯 표시된다. 거짓말하기 힘든 세상이다.

나는 매일 새벽에 어플을 이용해 2가지 인증샷을 찍어서 SNS에 업로드한다. 첫 번째는 새벽독서 모임 인증샷, 두 번째는 새벽독서 직후에 섭취하는 나의 다이어트 음식 인증샷이다. 처음 한두 번은 사진 찍는 재미도 나고 SNS에 올린 사진의 댓글 보는 맛도 쏠쏠했다. 그러나 매일 지속해서 올리려니 이것도 '해야 하는 일'이 되어 재미 삼아 해보자는 식의 가벼운 마음이 이내 사라졌다. 사진 찍는 일이 뭐가 대수냐고 하겠지만 그것을 매일 지속한다는 것은 쉽지 않다. 화장실에 볼일을 가는 것처럼 때 되면 하는 자연스러운 생리 현상이 아니기 때문에 늘 신경을 쓰지 않으면 잊어버리기 일쑤다.

이런 어플을 사용하는 이유는 나라는 사람은 말이 앞서는 사람이 아니라 행동으로 보여주는 사람이라는 점을 어필하고 싶기 때문이었다. 또 동시에 무언가를 시작하면 꾸준히 지속할 줄 아는 사람이라는 것을 증명하고도 싶었다. 다년간의 비즈니스 경험을 통해 사람들은 말이 아닌 행동을 믿는다는 것을 뼈저리게 느끼고 있었던 탓에 나는 '인증샷'에 집착할 수 있었다.

보통 처음에는 그 인증샷을 보는 사람들이 '멋져요', '좋아요' 정도로 반응하지만, 그것이 지속되면 그 사진을 보는 사람들의 태도가 좀 진지해진다. '저러다 말겠지'라고 생각하다가도 꾸준하게 올라오는 인증샷을 보면서 자신의 삶과 비교하게 되고 '나도 한번 해볼까?' 하는 마음을 갖게 한다.

무식하게 인증샷 업로드를 지속하고 있던 어느 날 커뮤니티의 신규 멤버 한 명이 커뮤니티 카페에 자신의 아침 식사 메뉴를 찍어서 올렸다. 당근, 두부, 양배추, 고구마 등 딱 봐도 건강해질 수밖에 없는 식단이었다. 그리고 사진 밑에 짧은 글을 남겼다. 급할 때는 아침 식사로 라면을 먹는 경우도 많았는데 내가 꾸준히 올리는 다이어트 식단 사진을 보면서 점점 자신의 식사를 돌아보게 되었고 식단을 바꿔야겠다고 결정했다는 것이다.

내가 그 멤버에게 직접 전화를 하거나 문자를 보내서 식습관을 체크해주면서 건강한 식단으로 바꿔야 한다고 잔소리를 늘어놓았다면 과연 그런 '찐' 변화가 일어날 수 있었을까? 절대 아니었을 것이다. 한 귀로 듣고 한 귀로 흘리며 나를 '다이어트 꼰대'로 바라봤을 것이다. 그녀의 결단은 결국 나의 무식한 지속력 때문에 생긴 것이다. '이 사람 정말 끈질지게 진행하는구나' 하는 마음을 심어준 것이다. 그러니 '나도 한번 시작해봐야겠다'는 변화를 이끈 것이다.

작지만 강력한 힘

어떠한 일을 꾸준히 한다는 것은 생각보다 쉽지 않다. 사람들은 대단한 일을 한번 해내는 것에만 집중하고 작고 소소한 일들은 중요하지 않게 생각하는 경우가 많다. 일을 하루아침에 해내는 것보다

소소한 일이라도 꾸준하게 변함없이 지속하는 것이 더 어렵고 힘들다. 누가 그 사실을 모르냐고 비아냥거리는 사람들이 아마 많으리라는 것을 안다. 그러나 그런 작은 일조차 진짜 제대로 끝까지 해내는 사람들은 잘 없다. 그렇게 작은 일을 우습게 보고 지나치는 사람들은 이 작은 일이 얼마나 강력한 힘을 지녔는지 잘 모른다.

한 방울씩 떨어지는 낙숫물이 바위를 뚫을 수 있다는 말을 우습게 생각했다가는 정말 큰 것을 놓칠 수 있다. 고가의 임플란트 시술도 매일 치실을 사용하면 필요 없을 확률이 커지고, 매일 지속하는 30분 걷기 운동이 암을 예방할 수도 있다. 물론 이런 말을 꼰대 같은 소리라며 별 반응을 하지 않을 사람들이 많으리라는 것도 나는 안다. 그러나 때로는 자극적인 팩폭(팩트폭력, 사실에 입각해 상대방이 감추고 싶어 하는 사실을 지적하는 행위)보다 잔소리 같은 말에 담긴 진리가 우리에게 더 필요한 순간도 있다.

나는 지금까지 내가 계획한 일이라면 어떤 상황이 닥쳐도 멈추지 않았다. 그것들은 거창한 계획이 아닌, 아주 작고 사소한 것들이다. 그러나 사람들의 이목이 집중되지 않는 시간에 철저하게 나의 시간 관리를 했고 엄격한 기준으로 나를 훈련시켜왔다. 아무것이나 보지 않았고, 아무나 만나지 않았으며, 아무것이나 먹지 않았다. 이런 삶의 태도는 나에게 매우 의미 있는 원칙이었다. 이런 원칙을 고수하다 보니 나를 조금은 다른 시각으로 바라봐주는 사람들이 늘었고 그 사람들이 자연스럽게 나를 신뢰하고 나를 따랐다.

내 자랑을 늘어놓고자 하는 말이 아니다. 정작 중요한 것을 깨닫지 못하고 애먼 곳에만 시간과 돈을 써가면서 사업하는 사람들이 '삽질'을 멈추길 바라는 마음에서 하는 말이다. '나를 따르라! 나는 대단한 존재다!'라고 똥폼을 잡고 리더 코스프레를 해봤자 인정해주는 사람은 없다는 사실을 알아야 한다. 사람들은 절대 보이는 것만 믿지 않는다. 적당한 거리를 두고 평행선을 걸으면서 나의 말과 행동이 결국 일치하는지 지켜본다. 그리고 그것을 얼마나 독하게 지속하는지 냉정하게 판단한다.

결국 사람들의 신뢰를 얻고 그들이 나를 따르게 하기 위해서는 따라올 수밖에 없도록 만들어야 한다. 보는 사람이 질릴 정도로 하나를 하더라도 무식하게 지속해 나가야 한다. 그래서 그들의 항복을 받아내길 바란다. 잊지 마라! 당신의 그 무식한 지속성은 대단한 힘이 있다.

위기 대처 능력과 회복탄성력을 키워라

리더에게 필요한 2가지 능력

지난 3월 20대 대통령 선거가 치러졌다. 당시 대선주자들의 홍보물을 보면 모든 후보가 입을 모아 외쳤던 공통된 단어가 하나 있다. 바로 '위기'. 그리고 저마다 자신이 '위기'에 강한 후보라는 주장을 펼쳤다. 리더십은 위기 속에서 빛을 발한다는 사실을 우리는 모두 알고 있기 때문이다. 모두가 행복하고 즐거울 때는 보이지 않던 문제가 위기가 닥치면 불거지게 되어 있다. 그러한 위기를 잘 극복하지 못하면 신뢰도 쉽게 깨질 수 있고 조직도 쉽게 와해될 수 있기 때문에 리더를 선택해야 하는 상황이 올 때마다 위기관리 능력을 어필하게 되는 것이다.

위기 상황에서는 모든 것이 불편해진다. 특히 위기가 닥쳤을 때는 평소에 가려져 있던 사람들의 부정적인 감정들이 드러나며 서로를 의심하기도 하고 누군가를 모함하기도 하며 무리의 분열이 일어나기도 한다. 그런 상황이 되면 리더의 처신은 집중받게 되어 있다. 그 불편한 상황을 초래한 문제를 어떻게 해결해나가는지 모두가 숨죽여 지켜본다.

리더는 그 아슬아슬한 위기의 얼음판 위를 용기를 내어 걸어나가야만 한다. 누구도 그를 도와주지 않는다. 그 누구도 대신 책임을 나누지 않는다. 그래서 리더는 항상 외롭다. 잘하면 본전이고 못하면 하루아침에 '죽일 놈'이 되어 손가락질을 받을 수도 있는 자리가 바로 리더의 자리다. 그러나 항상 위기는 기회라는 말과 같이 온다. 그만큼 위기를 기회로 올려놓는 리더십의 한판 승부가 팀의 사기를 높이기도 하고 상황을 역전시키기도 하기 때문이다.

위기관리 능력 못지 않게 중요한 것이 하나 더 있다. 바로 회복탄성력이다. 일곱 번 넘어져도 여덟 번 일어나는 힘이 리더에게 필요하다. 리더가 가는 길이 매번 성공적이지는 않기 때문이다. 때로는 실패를 거듭하기도 하고 좌절하기도 한다. 그러나 그런 상황 속에서도 용수철처럼 다시 솟아오르는 힘을 가지고 있어야 사람들이 나를 믿고 따를 수 있다. 만약 한 나라의 수장이 공황장애를 겪거나 우울증을 앓고 있다면 국민들은 얼마나 불안해할지 상상해보라. 상상만 해도 그 나라의 안위부터 걱정된다.

회복탄성력이 있는 리더는 절대 변화를 두려워하지 않는다. 그리고 그런 변화에 멈칫하는 팔로워들에게 오히려 용기를 주고 먼저 솔선수범하며 자신을 잘 따라오라고 다독거리는 여유까지 부린다. 우리는 그런 리더를 믿고 따를 수밖에 없다.

불편하지만 반드시 해야 하는 일

내가 리딩하는 커뮤니티는 몇 번의 위기를 겪었다. 그중에서도 얼마 전 가장 크게 있었던 위기는 그렇게 가볍게 볼 상황이 아니었다. 외부적으로 우리의 팀워크를 분열시키려는 시도가 있었다. 유튜브상으로 내 커뮤니티를 공개적으로 비방하고 허위정보를 퍼트리는 채널이 있었던 것이다. 내 실명을 거론하며 인신공격을 퍼붓기도 했다. 그 정도면 법적 대응을 하고도 남을 일이었다.

처음에 영상이 몇 개 올라왔을 때 몇몇 팀원들이 나에게 그런 영상이 돌고 있다며 그 유튜브 영상 링크를 보내줬다. 나는 곧바로 클릭하지 않았다. 사업이 잘되고 있다는 증거라고 생각했다. 망하는 집에 관심을 둘 사람들은 없다고 판단하면서 중요하지 않은 일이니 신경을 끄라고 팀원들을 안심시켰다.

일부 팀원들은 나의 회피적인 태도를 보며 아마도 '대표가 되어서 이 정도면 무슨 액션을 취해야 하는 거 아냐?' 혹은 '아무리 바빠도 이런 일에 적극적으로 대응해야지 정말 아무 생각이 없는 것 같아'라고 반응했을 것이다. 실제로 전화해서 비방 영상을 계속 보다 보니 정말 그들의 말이 맞는 것은 아닌지 의심 아닌 의심까지 들더라고 솔직하게 고백한 사람도 있었다.

겉보기에는 내가 무슨 득도한 사람마냥 굴었을지 모르겠지만 한 팀을 이끄는 리더가 외부적인 자극에 즉각적이고 충동적인 반응을 하는 것은 위험요소가 있다고 판단했기 때문에 일단 상황을 주시해보자고 마음먹었던 것이다.

그렇게 돌부처처럼 굴던 나에게 자꾸 팀원들의 고발이 이어졌다. 그쪽에서 그런 일들을 벌이기 시작한 지 3개월째 될 때였다. 팀원들은 비방 수위가 더 높아지고 있고 거짓 루머를 퍼트리고 있다고 말하면서 이제 화가 난다고 어떻게 좀 해야 되지 않냐며 목에 핏대를 세우기 시작했다.

위기에는 감정이 아닌 냉철한 이성으로 대응해야 한다. 우선 차분하게 비방 채널을 분석하기 시작했다. 처음으로 유튜브 링크를 타고 그 비방 채널을 들어가보니 내 커뮤니티의 상표와 나의 실명을 아예 대놓고 언급하며 비방하는 것도 모자라 사실과 무관한 허위정보까지 퍼트리고 있었다. 모든 일에는 이유가 있다. 나는 그들의 의도를 먼저 파악하려고 했다. 대충 봐도 그들의 의도는 내가 운영하는 커뮤니티의 상표를 의도적으로 유튜브 제목에 쓰고 태그까지 걸면서 자신의 커뮤니티로 사람들을 유입시키는 것이었다.

남을 비방하면서도 동시에 남의 힘을 이용하려는 치졸한 행위는 사회적으로 지탄을 받고도 남을 일이었다. 변호사와 직접 상담을 해보니 명확한 범법 행위에 해당되는 것들이 많아서 결코 죄가 가볍지 않다는 객관적인 사실을 알게 되고 나니 이제는 행동을 취해야겠다는 판단이 섰다.

나는 커뮤니티 성장에 방해가 되는 잡초를 본격적으로 뽑기 위해 움직였다. 사실 그 비방 채널이 올라오는 동안 나와 내 팀원들은 모든 증거자료를 모으고 있었다. 혹시라도 도가 지나친 상황에 이르면 법적으로 처리하려고 마음먹고 있었기 때문이다. 또한 몇 년 전에 미리 이런 일이 발생할 가능성을 염두에 두고 커뮤니티 이름을 특허청에 상표등록을 해놓았기 때문에 충분히 법적 보호를 받을 수 있는 상태였다.

나는 아주 철저하게 계획적으로 그 비방 채널을 간접적으로 언급하는 영상을 하루에 2~3개씩 올리기 시작했다. 한 마디로 '역공격'을 한 것이다. 그들이 거짓말로 가리고 있던 진실을 내 유튜브 영상을 통해 알렸다. 팀원들과의 인터뷰 영상을 올리기도 하며 그쪽에서 내 영상을 보도록 의도했다. 그리고 해당 영상을 삭제하지 않으면 법적인 조치를 곧 취하겠다는 메시지를 주는 정도로 나름의 선처를 했다. 마음 같아서는 바로 법적 조치를 취하고 싶을 정도로 괘씸한 영상들이 많았지만 누구나 살면서 실수는 하는 거니까 기회를 주고 싶었다. 그래도 영상이 바로 내려오지 않자 조금 더 불편한 결정을 했다. 변호사를 통해 그쪽으로 내용증명을 보냈다. 그렇게 마지막 경고를 알렸다. 며칠 뒤 비방 영상들은 유튜브에서 종적을 감췄다.

나는 마지막으로 남은 가장 중요한 일을 놓치지 않았다. 그동안 리더의 결정을 묵묵히 따라준 팀원들에게 감사와 미안함을 전했고 그 영상들을 보고 심기가 불편했을 팀원들을 다독이며 팀워크를 재정비했다. 더 나아가 이번 일을 통해 깨닫고 배운 것이 무엇이었는지 공개적으로 소통하며 팀워크를 더욱 견고하게 다졌다.

위기는 기회다

처음에 비방 채널에 대해 즉각적으로 대응하지 않았던 나에게 다소 실망하고 있었던 팀원들은 내가 위기 상황에 대처하는 모습을 보고 많은 것을 느꼈다고 고백했다. "이번 일에 대처하는 것을 보며 리더는 정말 다르다고 생각했다", "웬만한 남자보다 배짱이 더 두둑하다고 느꼈다", "아, 이래서 대표라고 하는구나" 등의 반응이 나왔고, 팀원들의 실망감과 불안함이 한순간에 신뢰와 믿음으로 바뀌었다.

솔직히 개인적으로 그 비방 영상을 보면서 왜 연예인들이 악성 댓글에 상처를 받고 때로는 극단적인 선택을 하기도 하는지 간접적인 경험을 할 수 있었다. 사실 화도 많이 나고 괘씸해서 당장이라도 그 유튜브 영상 아래에 육두문자 섞인 댓글을 쓰고 싶었지만 참았다. 나는 한 개인이 아니라 커뮤니티를 리딩하는 리더이기 때문이었다. 그래서 상황을 주시하고 있었지만 티를 내지는 않았다. 리더가 불안한 모습을 보이면 팀원들은 더 불안해지기 때문이다. 대신 나는 소리 없이 대응할 준비를 하고 있었다. 때가 되면 바로 행동에 나설 수 있도록 말이다.

내가 비방을 당하는 당사자였지만, 나와 내 커뮤니티의 모멘텀과 방향성을 따르는 사람들을 먼저 살펴야 하는 게 리더가 해야 할 일이라는 것을 알았기 때문에 사사로운 감정으로 대응하지 않았다. 오히려 이런 위기를 팀워크를 다지는 기회로 삼아야겠다는 생각을 하며 팀원들과 더욱 긴밀하게 소통하고 신뢰를 쌓아나갔다.

그동안 만들어온 커뮤니티의 문화가 생각보다 훨씬 견고하고 멋지다는 것이 위기상황이 되니 도드라졌고 커뮤니티 멤버들 간의 팀워크가 더 살아났다.

만약 내가 위기에서 불안한 모습을 보이며 멘탈이 털리는 모습을 보였다면 어떤 상황이 벌어졌을까? 아마도 그 비방 채널에서 원하는 것처럼 팀워크가 무너지면서 팀이 와해될 수도 있었을 것이다. 그러나 어떠한 흔들림도 없이 차분히 대응했기 때문에 팀원들이 나를 리더로서 더욱 신뢰하게 되는 계기가 되었다고 생각한다. 나는 이 일을 계기로 앞으로 더욱 커뮤니티의 규모가 커지게 되면 생길 위기 상황을 예측해볼 수 있었다. 지금은 오히려 그 비방 채널에 감사한 마음이 든다. 의도는 나빴지만 결과적으로 나와 내 팀이 다음 레벨로 성장할 수 있는 매우 좋은 공부 기회를 줬기 때문이다.

사업을 하다 보면 별의별 일을 다 겪게 된다. 그런 위기 상황은 내 리더십을 테스트해볼 수 있는 정말 좋은 기회가 된다고 생각한다. 실패를 두려워하지 않고 용감하게 계속 도전할 수 있는 회복탄성력과 어떠한 위기가 닥쳐도 차분하게 대응하는 위기 대처 능력은 리더가 갖춰야 할 덕목이 아닐까. 이 덕목은 여러 번 강조해도 지나치지 않을 것 같다. 위기 속에는 항상 기회가 있다. 어떠한 상황에서도 그 기회를 놓치지 않고 센스 있게 다음 레벨로 진화해가는 진짜 리더가 되길 바란다.

사람을 걸러 받습니다

내 유튜브를 보고 연락이 오는 사람들의 대부분은 콜드콜과 클로징 기술을 배우고 싶어 하거나 자신의 퍼스널 브랜딩을 만들고 싶어 하는 사람들이다. 사실 그 사람들과 연결되면 어떤 형식이든 비용을 지불하기 때문에 버선발로 나가서 그들을 모시고 와야 하는 게 일반적인 생각이겠지만 나는 절대 그러지 않는다. 버선발은 고사하고 그들을 돌려보내는 경우도 허다하다. 누군가는 배부른 소리를 한다고 말하겠지만, 그건 뭘 잘 모르고 하는 소리다.

콜드콜이든 클로징이든 어떤 기술을 배운다는 것은 말이 쉽지 많은 시행착오를 거치며 하기 싫은 일들을 반복해야 하는 행위다. 또한 퍼스널 브랜딩에 도전한다는 것도 마찬가지다. 0에서 1을 만들어내야 하는 창작의 과정이 과연 쉬울지 잠깐만 생각해보면

답은 뻔하다. 당연히 쉽지 않다. 어렵고 쉽지 않은 일, 하기 싫은 일들을 반복하는 것을 남에게 강요하고 리딩한다는 것은 사실 어쩌면 불가능한 일일지도 모른다. 그만큼 변화를 만들어내는 일은 어렵다. 생각해보라. '핵매운' 맛의 동기부여 영상을 지속적으로 본다고 해서 진짜 변화가 생길 수 있을까? 그 영상을 보고 있는 단 몇 분 동안만은 의지가 생길 수도 있겠지만 사실 영상 시청이 변화로 이어지는 일은 거의 일어나지 않는다. 따라서 그렇게 어려운 변화를 만들어내는 일을 얼마의 비용을 지불하겠으니 어떻게 좀 해달라고 하는 사람들에게 매번 'Yes'로 보답할 수는 없는 노릇이다. 이것이 내가 돈만 가지고 해결하려는 사람들을 당연히 돌려보낼 수밖에 없는 이유다.

그러나 변화를 만드는 것이 쉽지 않다고 으름장을 놔도 기어코 한번 도전해보겠다는 사람들은 어쩔 수 없이 받아줄 수밖에 없다. 정말 제대로 할 생각이 있느냐고 결단을 클로징한다. 나는 사람들의 결단은 믿지 않는 편이다. 결단이 결단으로 끝나는 경우를 수없이 봐왔기 때문이다. 그들의 도전이 시작되면 바로 나는 세상에서 가장 지독한 사람으로 돌변한다. 그들이 중간에 탈락하기를 내심 바라며 지옥훈련에 돌입한다. 나는 그렇게 처음부터 '나쁜 년'이 되기로 마음먹는다. 욕하든 말든 상관없다. 나와 그들의 공통 목표인 진짜 변화를 만들기 위해서는 싫든 좋든 책임감을 가지고 밀어붙여야 한다는 것을 잘 알기 때문이다.

퍼스널 브랜딩의 첫 단추는 바로 자기통제력을 갖는 것이다. 그래서 나는 그들에게 우선 새벽독서 모임에 참석하도록 시킨다. 독서모임 이후에 항상 짧은 길이의 피드백 영상과 함께 그날 모임에서 배우고 느낀 점을 글로 정리해 커뮤니티 카페에 업로드하도록 강요 아닌 강요를 한다. 여기서 강요라고 하는 이유는 바로 영상과 글을 올리지 않으면 새벽독서 모임에 참석할 수 없는 패널티를 주기 때문이다. 새벽독서를 안 하면 되지 않냐고 생각하겠지만 새벽독서를 통해 사업을 하거나 자신의 브랜드를 만들어나가는 데 완전 핵꿀팁들을 받아갈 수 있기 때문에 그 혜택을 알아차리는 순간 새벽독서 모임은 '절대 포기할 수 없는 것'이 되어버린다.

새벽 5시 반마다 일주일에 3번 기상해서 지속적으로 독서 모임에 참석하는 것이 때로는 참 어려운 일이 될 수도 있다. 살다 보면 컨디션이 안 좋을 수도 있고 늦잠을 자서 일찍 일어나지 못할 수도 있다. 그런데 그런 예외사항을 두게 되면 참 재미있는 일들이 발생한다. 무조건 주 3회를 참석하겠다고 큰소리를 쳐놓고서는 조금만 불편한 상황이 오면 이런저런 핑계를 대면서 새벽독서 시간에 참석할 수 없는 수만 가지 이유를 만들어낸다. 그런 행동 패턴들을 이미 파악하고 있었기 때문에 나는 천재지변이나 가족 경조사가 아니고서는 절대 예외를 둘 수 없다고 일축한다. 그럴 때마다 원망의 눈빛을 보내는 사람도 있었고 정말 해도 너무한 것 아니냐며 고개를 내젓는 사람도 있었다. 어떻게 사람이 그렇게 냉정할 수 있냐고 따지는 사람도 있었다. 그럴 때마다 나는 더욱 고삐를 조이며 더욱더 '나쁜 년'이 된다. 그것이 그들을 다음 레벨로 성장시키는 일임을 알고 있기 때문에 나는 1초의 망설임도 없이 손가락질을 받고 욕을 들을 마음의 준비를 한다. 잃을 게 없는 사람은 무서운 게 없는 법이다.

진정한 서비스의 개념을 새로 쓰다

나는 그렇게 사람들을 걸러왔다. 새벽독서뿐만 아니라 콜드콜을 하루에 30개씩 꾸준히 시키는 훈련, 유튜브 영상을 매일 올리도록 만드는 훈련, 매일의 매출을 올리게 만들어 자신의 실행력을 각인시키게 하는 훈련을 하게 했다. 그런 훈련들을 통해서 자신이 정말 성공을 실천하고 있는지 아니면 꿈만 꾸고 있는지 스스로 인지할 수 있도록 했다. 그런 과정에서 정말 찔러도 피 한 방울 안 날 것처럼 행동하면서 가장 마음이 힘든 사람은 바로 나였다.

누구나 다른 사람들에게 좋은 사람이 되길 원한다. 나도 마찬가지다. 불편한 상황을 일부러 만들어내어 분위기를 싸하게 만들고 싶은 사람은 아무도 없다. 그러나 누군가를 진심으로 위하는 사람은 그 사람의 진짜 변화를 위해서는 '나쁜 년, 나쁜 놈'이 되는 것을 절대 망설이지 않는다고 확신한다. 아끼고 사랑하는 내 아이가 잘못을 저지를 경우 때로는 세상에서 가장 무서운 사람이 되어야 한다는 것을 아는 부모라면 더욱 이런 상황을 이해하기 쉬울 것이다.

남들이 어떻게 나를 생각할까, 혹시라도 나를 원망하면 어떡할까 고민하기 시작하면 절대 이런 어려운 결정을 하고 행동으로 옮길 수 없다. 꼭 코칭을 하는 일이 아니어도 마찬가지라고 생각한다. 상대의 입맛에 맞는 말만 해주는 것이 반드시 상대방을 위하는 길이 아니라는 것쯤은 누구나 안다. 그러니 상대가 고객이라도 소신 있게 행동하고 말할 줄도 알아야 한다고 생각한다. 그것이 그 순간에는 사람의 오해를 사는 행동이 될지라도 시간이 지나면 올바른 방향으로 사고하고 행동한 것들은 어떻게든 좋은 평가를 받기 때문이다. 오히려 불편한 상황을 피하기 위해서 영혼 없이 대충 좋은 말만 던져놓게 되면 상대방의 신뢰를 얻지 못할 수도 있다.

그렇게 나는 '나쁜 년'이 되기를 자처하고 꽤 오랜 시간을 살아왔다. 꾸준하게 그들에게 진짜 변화가 일어나기를 마음속으로 그 누구보다도 응원해왔다. 지금 내 커뮤니티의 새벽독서 멤버들은 내 진심을 누구보다도 잘 안다. "진심은 꼭 전해진다"는 부산에 있는 우리 엄마의 말이 진리라는 것을 늘 확인하게 된다. 나는 오늘도 기꺼이 '나쁜 년'이 되어 사람들에게 진짜 변화가 일어나도록 온 마음을 다해 헌신한다. 누군가의 마음을 사야 하는 리더는 나보다 남을 생각하는 이타심이 바탕이 되어야 한다고 늘 생각한다. 그런 마음이 비록 매몰찬 행동으로 비쳐진다 하더라도 과감히 '나쁜 놈, 나쁜 년'이 되길 바란다. 그것이 진짜 리더가 해야만 하는 일이라는 사실을 받아들이고 실행으로 옮기는 용기를 갖길 바란다.

진짜 변화를 만들어내라

퍼스널 브랜딩 목표, '커뮤니티 리더'

리더의 사명

내가 8년간 해온 일은 누군가를 변화시키는 일이었다. 평생 소비자만 해봤던 사람을 공급자로 만드는 일, 남에게 아쉬운 소리 한번 하지 않고 살았던 사람의 거절 처리 능력을 높이는 일, 1년에 책 한 권도 안 읽던 사람을 매일 새벽독서 모임에 참석하도록 하는 일, 평범한 주부를 책쓰기에 도전시키는 일이 그것이다.

가끔 나는 내가 참 어려운 일을 해내고 있다고 생각한다. 나 스스로의 변화를 일으키는 것도 어려운 일인데 다른 사람의 진짜 변화를 일으키는 일은 어쩌면 세상에서 가장 힘든 일일지도 모른다. 누군가가 그런 힘든 일을 왜 선택했냐고 묻는다면 그것이 곧 나의 사명이라고 생각했기 때문이라고 대답하고 싶다.

오랜 시간 교육업 현장에서 누군가가 나를 통해 성장하는 과정을 지켜보면서 늘 가슴이 벅찼다. 때로는 오해받기도 했고, 괜한 오지랖을 피워 혼자 서운했던 일들도 많았지만 내가 코칭하는 사람들이 조금 더 업그레이드되어 누군가를 또 도울 수 있는 사람이 되고 있다는 사실을 발견할 때마다 희열을 느낀다.

진짜 사업가는 개인의 변화든 사회의 변화든 무조건 변화를 이끄는 사람이어야 한다고 믿는다. 세상에 더 나은 방향으로 발전하기 위해서는 항상 변화가 필요하다. 누군가는 그 변화를 위해 용기 있게 앞장서야 한다고 생각한다. 모두가 변화를 두려워하며 뒷걸음질만 쳤다면 과연 지금 우리가 받고 있는 수많은 혜택들을 누리는 게 가능했을까? 어떤 산업 현장에서든 사업가는 변화를 이끄는 리더가 기꺼이 되겠다는 각오를 해야 한다. 더 나아가 자신을 믿고 따르는 사람들이 진짜 변화를 만들 수 있도록 이끌어야 한다. 그들이 다음 레벨로 성장하기를 응원하는 수동적인 자세가 아닌 오히려 다른 사람의 변화가 마치 나의 사명인 양 오지랖을 좀 떨어야 한다. 그것이 진짜 리더의 자세다.

태도를 성형해드립니다

나는 사람들의 태도를 유심히 본다. 삶을 대하는 태도, 일을 대하는 태도, 사람을 대하는 태도 그러한 태도들을 보면 그 사람이 나와 거래를 해도 되는 사람인지 그렇지 않은 사람인지 판단할 수 있다. 나는 누군가의 변화를 만들어내는 일을 하는 사람이기 때문에 나의 도움을 필요로 하는 사람들의 태도부터 먼저 변화할 수 있도록 돕는다.

요즘은 열 살짜리 아이들도 자기 주장이 매우 강해서 무턱대고 이래라 저래라 하기 힘든 시대다. 하물며 세상 풍파를 겪고 있는 머리 큰 어른들에게 잔소리는 절대 통하지 않는다. 그들 스스로 변화하겠다는 마음을 먹지 않으면 변화의 시작 자체가 불가능하다. 말로는 만리장성도 쌓을 수 있지만 행동으로 증명해내는 것은 쉽지 않다. 나는 무조건 행동으로 증명해내길 요구한다. 그 과정에서 스스로 자신이 얼마나 나약한 마음으로 변화라는 어마어마하게 어려운 일을 시작하려고 했는지 깨달을 시간을 준다. 이 과정에서 현타를 느끼는 사람들은 두 부류로 나뉜다. 한 부류는 각성하고 자신이 앞으로 변화를 위해 무엇이라도 도전해보겠다는 태도를 보이는 사람들이고, 다른 한 부류는 그렇게까지는 할 수 없는 수많은 핑계를 대며 현실과 타협하는 태도를 보이는 사람들이다.

나는 사실 태도가 변화를 일으키는 전부라고 생각한다. 어떤 태도를 가지고 임하는지는 매우 중요하다. 항상 긍정적인 태도를 지닌 사람과 항상 부정적인 태도를 지닌 사람은 분명 다른 결과를 만들어낸다. 삶을 대하는 나의 태도가 결국 변화의 유무를 결정 짓는다 해도 과언이 아니다.

콜드콜을 배우겠다고 마음먹었으면 하루에 100콜씩 돌리겠다는 태도가 필요하고, 책을 읽어서 자신의 역량을 키우겠다는 마음을 먹었으면 매일 책을 읽고 그에 대한 인사이트를 글과 영상의 형태로 남기겠다는 태도가 필요할 것이며, 다이어트를 하겠다는 마음을 먹었으면 나쁜 음식을 손절하고 식단을 관리하겠다는 태도가 필요하다. 그런 태도가 만들어지지 않는다면 절대 변화는 있을 수 없다.

생각만 하고 행동으로 옮기지 않는 사람들은 오히려 머리만 커져서 입과 머리로 모든 것을 다해버리는 희귀종이 될 확률이 커진다. 나는 매일 변화를 원하는 사람들에게 변화의 필요성을 목청 높여 강조하지 않는다. 당장 지금 변화를 위해 해야 하는 일들을 하도록 푸시해서 그들이 진짜 변화를 만들어내도록 요구한다. 그 과정에서 사람들의 태도가 조금씩 변화될 수 있도록 의도한다. 그런 태도 성형이 변화의 필수 조건이기 때문이다.

작은 변화부터 완성하라

얼마 전 '○○ 브랜딩 스쿨'이라는 특강이 있어서 13명의 팀원들과 함께 서울에 위치한 강의장에 간 적이 있었다. 오전 11시 강의 시간에 맞추려면 새벽 시간에 출발해야 하는 지방 사람들이 꽤 있었다. 나는 전날 팀원들에게 늦어도 오전 10시 30분까지 도착하라고 당부했다. 그리고 시간 약속을 지키는 일이 비즈니스에서 어떤 의미인지 한 번 더 각인시켰다.

나는 지각하는 것을 좋아하지 않는다. 약속과 시간을 대하는 태도는 비즈니스 세계에서 생사를 가를 수도 있는 것이기 때문이다.

허겁지겁 약속장소에 나타나는 사람은 이미 거래에서 실패했을 확률이 높다. '나는 약속 시간도 잘 지키지 못하는 사람입니다'라고 온몸으로 소리를 질러놓고 상대가 나를 신뢰하길 바란다는 것은 정상이 아니라고 생각한다. 평소 사업가의 태도가 어때야 한다고 충분히 강조해온 탓에 대부분은 30분 전에 여유롭게 강의장에 도착했다. 일찍 도착한 우리 팀원들 덕분에 30분을 당겨서 보너스 강의가 진행되었다. 강의자는 이후에 나에게 전화해서 팀원들의 눈빛이 남달랐다면서 좋은 피드백을 줬다.

사실 처음부터 팀원들이 이런 태도를 보였던 것은 아니었다. 줌으로 진행되는 미팅 시간에 30분이나 늦는 사람도 있었고 어떤 일을 하겠다고 말로만 약속하고 실행으로 옮기지 않는 경우도 허다했다. 나는 그런 태도의 변화가 일어나지 않으면 절대 성공과 가까워질 수 없다는 것을 알았기 때문에 그들에게 작은 일을 대하는 태도부터 진지해져야 한다고 강조해왔다.

변화는 한꺼번에 생기지 않는다고 믿는다. 별것이 아니라고 생각하는 일부터 제대로 완성해나가야 한다. 상대방과 대화를 할 때 스마트폰을 보지 않고 집중하는 것, 아침에 일어나서 주변을 깔끔하게 먼저 정리하고 책상에 앉는 것, 가족 간에 감사함을 매일 말로 표현하는 것. 이런 소소한 변화부터 완벽하게 해내서 내 습관으로 자리 잡는 것부터가 변화의 시작이라 생각한다. 하루아침에 대단한 변화를 만들 거라고 마음만 앞섰다가는 금세 식어버리는 양은냄비 꼴이 되고 만다.

리더는 그런 작은 변화가 소중하다는 것을 알고 먼저 실천하고 보여줘야 한다. 그리고 자신의 태도를 항상 체크해봐야 한다. 나의 태도가 변화를 이끄는 데 유리한지 혹은 불리한지 봐야 한다. 만약 불리하다면 변화에 유연하도록 태도를 바꾸고 삶에 대한 관점을 바꿔야 한다. 그렇게 해야 다른 사람들의 변화를 이끄는 진짜 리더로 성장할 수 있다.

변화는 다시 말하지만 무에서 유를 창조하는 매우 어려운 일이다. 어려운 일이라고 해서 시작이 어려워서는 안 된다. 작은 변화부터 완성시키는 태도를 갖기 위한 습관부터 기르기 시작해야 한다. 자신을 따르는 다른 사람들도 변화에 항상 도전할 수 있도록 해야 한다. 개인적으로 '엄격한 사랑'이라는 말을 좋아한다. 가정에서든 직장에서든 어긋난 사랑 안에서는 절대 제대로 된 성장이 없기 때문에 나는 사람이 성장하는 데는 반드시 '엄격함'이 필요하다고 생각한다. 내가 항상 강조하는 조직의 문화는 서로에게 엄격함을 요구하는 것이다. 적당한 선에서 타협하는 태도는 절대 진짜 변화를 이끌지도 못하고 멋진 성장을 만들지 못한다.

엄격함을 깐깐함으로 치부하며 자신의 변명을 합리화하려는 태도를 가진 사람은 어차피 멋진 사업가가 될 수 없음을 잘 알고 있다. 그렇기 때문에 나는 엄격함을 꾸준히 지속적으로 요구할 것이다. 그것이 진정한 사랑임을 알고 있고 그런 엄격한 사랑이 결국 변화를 만들어내기 때문이다.

세계 평화가 최종 목표가 되어야 한다

나 비전 있는 사람이야

사업가는 큰 비전을 가지고 움직여야 한다. 단순히 돈을 많이 벌어서 나와 내 가족이 잘 먹고 잘 살기 위해 사업을 한다는 사람은 절대 멋진 사업가가 될 수 없다고 생각한다. 사업가는 무엇을 팔아서 이문을 남기는 장사꾼과는 뭔가 다른 비전을 가지고 있어야 한다고 믿는다.

테슬라 CEO 일론 머스크가 단순히 전기차를 많이 만들어 자신의 실속을 차리는 사람이었다면 화성에 인류를 이주시킬 거대한 꿈을 꾸지는 못했을 것이다. 애플의 스티브 잡스는 또 어떠한가? 개인의 삶을 포기한 채 스마트폰을 만드는 데 주력하지 않았다면 과연 세상을 한 손에 꼭 담아낸 스마트폰을 우리가 경험이나 할 수 있었을까?

이처럼 사업가는 큰 포부와 비전이 있을 때 세상

을 조금이라도 바꿀 수 있다고 생각한다. 사업은 고객을 위해 존재하고 그 고객은 항상 문제를 가지고 있다. 사업가는 자신의 비전을 통해 이 문제를 좋은 방향으로 해결하는 데 집중해야 하고 세상을 좀 더 살 만한 곳으로 만드는 데 힘을 보탤 뜻이 있어야 한다.

사업이 크든 작든 상관없다. 작은 사업이라고 해서 작은 비전을 가질 필요는 없다. 가령 동네에서 작은 꽃집을 운영한다고 가정해 보자. 내 사업의 비전이 '꽃 많이 팔아서 돈 많이 벌자'라는 것이라면 우선 꽃의 가치부터 떨어진다. 그러나 만약 내 사업의 비전이 '대한민국의 생산성을 높이는 것'이라면 이것은 정말 대단한 사업이 아닐 수 없다.

무슨 뜬구름 잡는 소리냐고? 내 주장이 돈키호테 같다고 생각하는 사람들을 위해 좀 더 자세히 설명해보겠다. 꽃을 통해 사람들이 마음의 여유를 가질 수 있게 되면 서로 간의 소통이 더 원활해질 수 있다. 소통이 원활해지면 쓸데없는 감정 소모를 줄일 수 있게 되어 사람들의 생산성을 높일 수 있는 것이다. 이렇게 생각하면 동네 작은 꽃집이 하는 역할이 엄청 커진다.

사업가의 비전이 커지면 자신이 하는 사업의 가치도 동시에 커진다. 소비자는 그런 좋은 의도를 가진 기업에 긍정적인 반응하게 되어 있다. 요즘 대두되고 있는 ESG 경영((Environment(환경), Social(사회), Governance(지배구조)의 첫 글자를 딴 것으로, ESG 경영은 기업이 환경보호, 사회적 책임, 지배구조 개선에 힘쓰는 경영을 말한다)도 같은 맥락이라고 본다. 사업가가 어떤 비전을 갖고 있느냐에 따라 사업은 방향성이 바뀔 수도 있고 사업에 임하는 자세도 달라질 수 있다. 그러니 실리만을 따져서는 안 된다. 어떤 비전을 가지고 사업에 임할 것인지 진지한 자세로 고민해야 한다.

세계 평화를 위해!

나의 사업 비전을 묻는다면 망설이지 않고 '세계 평화'다. 아마 대부분은 피식 하며 웃을 확률이 크다. '비전 한번 크네' 혹은 '너무 비현실적인 것 아니야?'라고 생각하겠지만 나는 꽤 진지하다. 나는 늘 어떻게 하면 멋지게 잘 죽을 수 있을까 고민한다(그렇다고 죽고 싶어 하는 사람은 아니니 오해는 하지 말기 바란다).

내가 이런 생각을 하는 것은 세상에 무엇을 남기고 갈지, 그래서 내가 죽고 나서 사람들에게 어떻게 기억되길 바라는지 늘 고민하기 때문이다. 적어도 나를 떠올리며 "그 사람이 있어서 내가 변할 수 있었다. 그리고 다른 사람을 변화시킬 수 있었다"라는 말을 해줬으면 좋겠다.

다시 내 사업의 비전으로 돌아오면 나는 사람들의 진짜 변화를 통해 세상이 좀 더 나은 방향으로 흘러가길 바란다. 세상에는 너무나 문제들이 많다. 많은 사람들이 고통 속에서 살고 있고, 또 너무 많은 사람들이 잘못을 저지르고 산다. 그런 문제가 발생하는 이유는 주어진 환경 탓만 하고 배우고 변화하지 않으려는 나태함 때문이기도 할 것이고 자신이 가진 가능성을 스스로 인정하지 못하는 낮은 자존감 때문일 것이다.

나는 사람들이 자신의 삶에 대해 아무렇게나 말하지 않았으면 좋겠다. 그들이 자신의 가치를 스스로 인정할 줄 알았으면 좋겠다. 팔자를 들먹이며 '내 인생은 글러먹었다'는 식의 태도를 보이지 않았으면 좋겠다. 돌이켜보면 내 삶도 지금까지 평탄하지 않았다. 자존감이 무너질 만한 많은 일들을 겪으면서도 절대 나는 내 삶을 평가절하하지 않았다. 그 속에서 늘 가능성을 찾고 기회를 찾았다. 그런 태도로 삶을 대하면 모든 것이 달리 보인다. 절망 속에서 희망을 찾는 힘이 있다는 것은 참 중요하다.

나는 나와 연결되는 모든 사람들이 그런 태도로 삶을 바라보길 원한다. 한 사람 한 사람이 진짜 중요한 것이 무엇인지 깨닫고 삶을 대하는 태도가 좀 더 건강해지길 바란다. 나는 제대로 만들어진 한 개인이 할 수 있는 일이 정말 크다고 믿기 때문에 그 사람이 멋진 개인으로 성장하도록 매일 최선을 다해 돕는다. 이처럼 한 사람 한 사람이 행복해지는 방법을 알아간다면 세계 평화로 이어지는 것은 당연한 이치가 아닐까? 세계 평화는 한 개인의 마음이 긍정적인 방향으로 바뀌는 찰나에 바로 만들어지는 것이라고 생각한다.

사람을 사랑할 줄 아는 사람

사업이 삶이고 삶이 사업이다. 고객이 나고 내가 고객이다. 사업이 어려운 게 아니라 어렵게 마음을 먹으니까 사업이 어려워진다고 생각한다. 사업은 매우 작은 것에서 시작한다고 생각한다. 내 주변의 문제를 찾아보는 탐구 정신에서 비롯되는 것이 아닐까 생각한다. 그런 문제의 중심에는 항상 사람이 있다.

사람을 이해하고 사람을 남기는 사업가의 비전은 항상 '사람'에 집중되어 있다는 것을 안다. 나보다 남을 위하는 마음, 사람을 아낄 줄 아는 마음, 사람 다음에 돈이 있다는 것을 아는 여유, 모든 순간을 감사할 줄 아는 겸손함을 가지는 사업가는 사람 냄새 나는 비전을 가지고 현장을 뛴다. 그들은 머리가 아닌 가슴으로 사업을 하고 세상의 문제를 해결하기 위해 누구보다 발 벗고 나설 준비가 되어 있다.

사업가의 비전에는 그들의 삶의 비전이 투영되어 있다. 그렇기 때문에 삶의 태도가 어떤지에 따라 사업가의 비전도 제각각 달라질 수밖에 없다. 자신의 과거 상처와 힘들었던 경험들을 신세 한탄하기 위한 술안주 정도로 생각하는 사람들은 절대 비전 있는 사업가가 될 수 없다. 반면에 멋진 사업가는 그런 경험을 자신의 콘텐츠로 만들어낼 수 있다. 용감하게 자신의 틀을 깨고 나와 자신보다 반걸음 뒤처져 있는 사람들과 경험을 나누고 함께 성장하는 방향을 제시한다.

삶을 소중히 여기며 내 작은 경험 하나의 가치를 높게 책정할 줄 아는 지혜롭고 비전 있는 사업가가 많이 배출되길 희망하며 나는 오늘 하루도 사람을 귀하게 여기며 살아가고 있다. 나를 통해서 진짜 변화들이 축적되어 대한민국의 모든 사람들이 행복해지길 희망한다. 이처럼 대한민국이 평화로워야 세계가 평화로울 수 있고 우리 나라가 평화로워야 결국 우리도 마음의 평화를 얻게 되지 않을까?

세계 평화는 아주 사소한 곳에서 시작한다고 믿는다. 대한민국 국민 한 사람 한 사람이 행복할 줄 하고 감사할 줄 알고 나눌 줄 안다면 그것이 세계 평화의 시작이라고 믿는다. 그것이 곧 내가 믿고 있는 사업의 최종 목적이다. 사람을 사랑하는 일, 사람을 사랑할 줄 아는 사람을 만들어내는 일, 그래서 세상을 더욱 살 만한 곳으로 만드는 일. 그것이 내가 존재하는 이유이자 살아가는 목적이다.

비록 내 시작은 미약했으나 끝은 창대하리라고 믿는다. 세계 평화는 거창한 것이 아니라 아주 사소한 데서 시작한다.

북큐레이션 • 원하는 곳에서 꿈꾸고, 가슴 뛰는 삶을 살고픈 이들을 위한 책

《퍼스널 브랜딩 레볼루션》과 함께 읽으면 좋은 책. 자신의 인생에 열정을 쏟고 관계의 소중함을 아는 사람이 진정한 성공과 멋진 인생의 주인공이 됩니다.

미라클 액션

하재준 지음 | 14,000원

"행동이 없으면 오늘과 내일은 같은 날이다!"
망설이는 당신을 행동파로 만드는 행동력 훈련

스무 살에 분양사무소에서 영업을 시작해 37세인 지금 10여 개의 법인회사와 개인 사업체의 대표가 된 저자는 17년간 치열한 사업의 현장에서 살아남은 무기로 '남다른 행동력'을 꼽는다. 저자는 아침 알람 소리 한 번에 자리를 털고 일어나고, 발품을 한 번 더 팔고, '안 된다는 생각'은 없음을 다짐하고, 경험은 돈을 주고도 사며, 상대의 말은 끝까지 경청하는 등 사소한 행동 한 가지부터 행동하고 실천하라고 조언한다. 생각하느라 시간을 다 쓰는 사람들, 주저하는 데 많은 공을 들이는 사람들에게 매우 긍정적인 동기부여가 되어줄 것이다.

비즈니스를 좌우하는 진심의 기술

김정희 지음 | 14,500원

서울시, 삼성물산, 포스코건설, CNN 등의
빅 이벤트 기획·제작·연출을 할 수 있었던 비결은?

서울시, 송도국제업무단지, 삼성물산, 파라다이스그룹, 포스코건설, CNN 등의 빅 이벤트를 맡아 최고의 성과를 낸 저자는 작은 규모임에도 수주율이 높고 국내외 대기업들과 함께 일하며 PT 경쟁에서는 80퍼센트 이상의 승률을 자랑한다. 이렇게 할 수 있는 비결은 최고의 팀워크와 효과적인 광고, 뛰어난 기획력도 물론 중요하지만, 그보다 더 기본적으로는 '진심'이 있기 때문이다. 그래야 어느 일을 맡아도 가장 큰 효과를 낼 수 있다고 저자는 강조한다. 작은 것 하나도 허투루 넘기지 않고 섬세하게 사람들의 마음과 현장, 상황을 파악하는 '진심 비즈니스'는 가히 다른 어떤 것보다 효과적인 기술이라고 할 수 있다.